Karl Bernhard Stark

Friedrich Creuzer

Sein Bildungsgang und seine wissenschaftliche- sowie akademische

Bedeutung

Karl Bernhard Stark

Friedrich Creuzer
Sein Bildungsgang und seine wissenschaftliche- sowie akademische Bedeutung

ISBN/EAN: 9783743665446

Hergestellt in Europa, USA, Kanada, Australien, Japan

Cover: Foto ©ninafisch / pixelio.de

Weitere Bücher finden Sie auf **www.hansebooks.com**

REDE

zum Geburtsfeste

des

höchstseligen Grossherzogs

KARL FRIEDRICH

von Baden

und

zur akademischen Preisvertheilung

am

23. November 1874

von

Dr. Karl Bernhard Stark,

o. ö. Professor der Archäologie und Director des archäologischen Instituts,

stellvertretendem Prorector.

Friedrich Creuzer,

sein Bildungsgang und seine wissenschaftliche wie akademische Bedeutung.

Heidelberg. 1874.
Buchdruckerei von Georg Mohr.

Berichtigung.

S. 32. Z. 5 v. u. l. Geltung für Haltung.
S. 35. Z. 17 v. u. füge ein: »waren im Entwurf damit« vor: »vereint.«
S. 56. Z. 6 v. o. der ganze Absatz von: »Creuzer antwortet — efferam« gehört auf S. 52 vor die Z. 6 v. u..

Hochgeehrte Collegen!
Liebe Commilitonen!
Verehrte Anwesende!

Als ich vor einem Jahre die Ehre hatte, Sie willkommen zu heissen an dem Feste der Neugeburt der Universität, ahnte Niemand, am wenigsten ich selbst, dass ich binnen Jahresfrist wieder berufen sei von dieser Stelle aus Bericht zu erstatten von dem wissenschaftlichen Leben und den äusseren Ereignissen der Universität, zu zeugen von meinen persönlichen Studien, zu verkünden die Namen der Commilitonen, welche mit glücklichem Erfolge ihre Kräfte an den aufgestellten Preisfragen versucht haben. Ein bedeutsames Stück des diesjährigen Universitätslebens ist schon mit dieser Thatsache ausgesprochen; der diesjährige Prorektor, der berühmte Lehrer des römischen Rechts, der würdige Nachfolger eines Thibaut und v. Vangerow, Geh. Rath v. Windscheid hat unsere Universität verlassen. Für wie unwahrscheinlich bisher ein solches Ereigniss, der Weggang des Prorektors inmitten seiner Thätigkeit, bei allem Wechsel der Docenten an unserer Universität erachtet ward, ergibt sich daraus, dass eine gesetzliche Bestimmung für diesen Fall nicht Sorge getragen hatte. Der einstimmige Wunsch meiner Herrn Collegen hat mich für die zweite Hülfte dieses Prorektorats-Jahres wieder in diese verantwortungsvolle und nicht mühelose Stellung eintreten heissen. Und so ist mir auch wieder die ehrenvolle, aber ebenso schwere Aufgabe zugefallen, Redner des heutigen Tages zu sein. Ja schwer, darf ich sie diesmal besonders nennen, im vollen Bewusstsein der gegenwärtigen Verhältnisse der Hochschule, der Krisis, in welcher sie sich befindet. Möge Ihre Nachsicht mir daher doppelt freundlich entgegen kommen, mögen Sie nicht Anstoss nehmen an der nothwendigen Verwandtschaft dieser und der vorjährigen Betrachtung, die in der Natur des von mir vertretenen Faches, wie naturgemäss in der Persönlichkeit jedes Einzelnen liegt. Möchte es mir gelingen vor Allem dem Gefühl corporativen Lebens, der Einheit der verschiedenen Bestrebungen, die sich in einer deutschen Universität zusammenfinden, der Ueberzeugung von der inneren Lebenskraft unserer Akademie Worte zu verleihen, die Fahne der Carola-Ruperta, die durch alle Wechselfälle einer nahezu fünfhundertjährigen Vergangenheit, ja durch Schutt und Trümmerhaufen einer zerstörten Stadt glücklich hindurch getragen ward und immer mit neuem Ruhme sich bedeckt hat, heute getrost und gutes Muthes zu entfalten und sie unversehrt mit kommendem Frühling meinem Nachfolger zu übergeben!

Unwillkürlich wendet sich an dem heutigen Tage, der der Erinnerung an den Neugründer der Universität. wie des heutigen badischen Staates, an Karl Friedrich geweiht ist, der Blick aus der Gegenwart in jene Zeit der Neugründung im Anfang dieses Jahrhunderts zurück. Mit den beschränktesten Mitteln einer jährlichen Dotation von 40,000 fl., in Räumlichkeiten, welche gegenüber den jährlich sich erweiternden und neu aus der Erde emporsteigenden, die Gränzen dieser Stadt überschreitenden Bauten unserer akademischen Institute heutzutage geradezu als unglaublich eng erscheinen, wurde der geistige Neubau unserer Universität aus ganz verrotteten, engen und zugleich ihrer materiellen Basis beraubten Zuständen begonnen.

Dank der umsichtigen Fürsorge, dem persönlichen Interesse, dem offenen, freien Blick des Fürsten und seines trefflichen Beraters, des Ministers von Reizenstein, eines Mannes von ungewöhnlich vielseitiger und eindringender humanistischer Bildung und von wahrhaft humaner

Gesinnung, wurden Männer berufen in rascher Folge, welche in den verschiedenen Fakultäten völlig neues Leben weckten, welche unter sich eng verbunden, es verstanden, Zuhörer, und zwar trotz der Zerrissenheit des deutschen Vaterlands, aus allen Theilen desselben an sich zu fesseln, welche Heidelberg zugleich zu einem Ausgangspunkt der angesehensten, literarischen Unternehmungen machten.[1]) Unternehmungen. die auf allen Gebieten, besonders der allgemeinen Wissenschaften wie der Rechtskunde geradezu als Bannerträger eines neuen wissenschaftlichen Geistes sich kundgaben und um sich die jungen vorwärts strebenden, edelsten Geister der Nation versammelten.

Noch heute klingt in einzelnen ehrwürdigen Gestalten, die Zeugen dieses in Heidelberg, der deutschen Vaterlandsstädte damals „ländlich schönsten"[2]) neu begründeten Lebens waren, der Schwung jener Tage nach, aus dem Munde hochbejahrter Männer, die hier zu den Füssen eines Thibaut, Martin, Zachariä, Daub, Marheineke, Paulus, Neander, De Wette, Böckh, Wilken, Hegel, Schlosser (um nur die ersten 15 Jahre zu umfassen) gesessen, können wir die weittragende Wirkung der damaligen akademischen Lehrer und des damaligen Lebens vernehmen. Der erste, welcher im Frühjahr 1804 zur Begründung dieses Lebens berufen war, ist der Philologe und Archäologe Friedrich Creuzer.

Durch vierzig Jahre hindurch hat er dieser Universität unmittelbar lehrend angehört, nur mit einer kurzen Unterbrechung, welche aber nur dazu dienen sollte um ihn die ganze Schwere der Trennung von Heidelberg empfinden zu lassen, und die Sehnsucht darnach unwiderstehlich zu wecken; im Jahre 1844 haben seine Collegen und Schüler sein 40jähriges Dienstjubiläum in diesem Lande feierlich begangen[3]), in Erz sein wohlgelungenes Bildniss prägen lassen und ihm 1851 überreicht.[4]) Als ein hochbejahrter Mann hat er noch unter uns still und zurückgezogen gelebt, bis ihn im Februar 1858 der Tod unsern Augen entrückte. In den weiteren Kreisen des deutschen Vaterlandes war diese Todesnachricht fast wie ein unerwarteter Klang aus früherer, längst vorübergerauschter Zeit, aus dem neuen Völkerfrühling des deutschen Vaterlandes, der nach Napoleonischer Drangsal angebrochen. Wohl ist es jetzt an der Zeit, seiner, als einer historisch gewordenen Persönlichkeit unbefangen zu gedenken. Hat die Liebe und Pietät seiner Schüler und Genossen ihm auch um die Greisenstirne einst den Ehrenlorbeer des Jubilars geschlungen, lebt auch heute unter uns in den Wenigen, die sich seine Schüler oder Collegen nennen können, sein Andenken in Dankbarkeit fort, die deutsche Wissenschaft als solche, speziell die Alterthumswissenschaft, für die er zunächst wirkte, die deutsche Universität hat ihm noch nicht den Ehrenplatz in unbefangener Prüfung angewiesen, der ihm gebührt und den ihm das Ausland freudig zuerkannt hat.[5]) Noch schwankt sein Bild, „von der Parteien Gunst und Hass verwirrt", in dunkler Erinnerung der Kämpfe, die an seinen Namen geknüpft sind, je nach der verschiedenen Beurtheilung der Geistesströmung, in der er sich befunden, unklar hin und her. Möge es mir heute vergönnt sein, der ich nicht sein Schüler war, ja aus ganz anderen Lehr- und Anschauungskreisen hervorgegangen bin, der ich ihn aber noch als Greis geschaut, seinen Spuren hier überall unter den Besten des Landes begegnet bin, der ich an dieser Universität den einen Haupttheil seiner Wissenschaft zu vertreten berufen ward, einigermassen diese Ehrenschuld an Fr. Creuzer zu tilgen, ihn in seiner inneren Entwickelung zu zeichnen, in seiner Bedeutung für die Wissenschaft überhaupt und speziell für das hiesige Universitätsleben in aller Kürze zu charakterisiren. Er hat es in den langen Jahren seiner Lehrthätigkeit immer abgelehnt an der Spitze der Universitätsgeschäfte zu stehen und eben daher nie von dieser Stelle gesprochen: möge es ein Menschenalter nach seinem Rücktritt mir gelingen über ihn von hier aus einfach und wahr zu reden, und wenn auch nur in den allgemeinsten Umrissen sein Bild neu zu beleben!⁶)

Georg Friedrich Creuzer am 10. März 1771 in Marburg geboren, gehört nach Abstammung und Jugendbildung dem oberhessischen Stamm an, in dem die echt deutschen Eigenschaften, der frischen, ja überströmenden, derben Kraft, der zum Beschaulichen neigenden Gemüthstiefe und grosser Zähigkeit im Festhalten des einmal Erfassten sich besonders ausgeprägt finden, der uns in seinen, oft wie aus Holz geschnitzten Gesichtern und gedrungenen Gestalten noch heute an die im Holzschnitte fortlebenden Männer des 16. Jahrhunderts gemahnt. Von jeher hat das Hessenland ein nicht unbedeutendes Contingent ausgezeichneter, wissenschaftlicher Kräfte zu der hiesigen Hochschule beigesteuert. Aus einer Familie stammend, in der eine lange Reihe lutherischer Geistlicher und auch Gelehrten sich fand, in der der lutherisch gefärbte Glaube mit dem ganzen Leben eng verwoben war, und der Beruf des Geistlichen wie der natürliche Zielpunkt aller tüchtigen Glieder galt, hat Creuzer, der Buchbindersohn, welcher früh seinen Vater verlor, eine bescheidene, ernste aber nicht freudlose Jugend verlebt; er hat, wie einst Luther als Chorknabe, Dienst gethan in den altehrwürdigen Kirchen seiner Vaterstadt, deren wundersamer landschaftlicher und historischer Reiz schon die flüchtige Eisenbahnfahrt ahnen, jeder längere Besuch immer frischer empfinden lässt. Er ist aber auch nachgezogen in jugendlicher Unbefangenheit den bunten wechselnden Gestalten der hessischen Regimenter die damals in weite Fernen mit englischem Gold erkauft, geschickt wurden, um schwer decimirt heimzuzukehren. Creuzer bezeugt es in seinen Erinnerungen, dass die Bibellesestunden bei seiner praktisch tüchtigen Mutter, und der volle Gesang der Gemeinde in der alten, schönen Kirche, mitten unter der Fülle bildlicher Monumenter, seinem religiösen Bedürfniss mehr Genüge bot, als die trockenen Betstunden, die er im Gymnasium mitmachen musste.

Von entscheidendem Einfluss auf ihn war ein Oheim, der in der Nähe lebende, wissenschaftlich thätige Prediger Bang, der Jugendfreund Chr. Daniel Wyttenbach's, ein eifriger Anhänger von Leibnitz Lehre, dessen Grundsatz war: ex grammatico fit theologus.²)

Schon damals wurde in dem Knaben Verehrung und frühe Bekanntschaft mit den Namen und Schriften der holländischen humanistischen Gelehrten eines Hemsterhuis, Ruhuken, Valckenaer, Wyttenbach genährt, und vor allem das Lateinische in Disputationen zu voller Geläufigkeit gebracht.

Trat bereits in Marburg unter den zunächst dort sehr bescheidenen Regungen eines neuen Geistes des philosophischen Jahrhunderts der Ernst der Frage an den jungen Creuzer heran, ob er zum Geistlichen sich eigne, so ward der Besuch der Universität Jena im Jahr 1790—91 für ihn von entscheidender Bedeutung. Man kann wohl sagen, fast alles, was im Anfang dieses Jahrhunderts geistig Bedeutendes, Vorwärtsstrebendes und Lebengebendes in der deutschen Nation aufgetreten ist, hat einmal den Weg durch das kleine Jena genommen. Und Friedr. Creuzer hörte Schillers universalhistorische Vorlesungen im Winter 1790—91 und ward von Schillers philosophischer Betrachtung der Geschichte, von der Verkündigung des Evangeliums der Schönheit als der versöhnenden Macht zwischen Sinnlichkeit und Geist zugleich, auf das Tiefste, viel tiefer berührt, als von dem Vortrage der Kant'schen Philosophie aus Reinhold's Munde, die alle Welt um ihn beschäftigte, und der er pflichteifrigst sich zuwendete. Dass ihm Schiller die Worte im Jahre 1791 von Erfurt aus in das Stammbuch schrieb: „die Natur gab uns nur Dasein, Leben gibt uns die Kunst, und die Vollendung die Weisheit", sind für Creuzer ein wichtiger Lebensspruch geworden.³) In dem Griesbach'schen Hause, dessen gastlicher Zauber noch heute auf einem der schönsten Punkte der Umgebung Jena's ruht, lernte Creuzer dabei ebenso eine edle freie Geselligkeit als die würdige Gestalt eines philologisch forschenden, und zugleich religiös lebendigen Theologen kennen. Auch die Elemente des Arabischen wurden in Jena noch getrieben und mit dem späteren scharfsinnigen und genauesten Kenner von Handschriften, Bast, ist er seit diesem Jahre, seit dem gemeinsamen Collegium bei dem Ciceronianer Schütz in bleibender Verbindung geblieben. Er begegnet in Freundschaft dem innerlichsten Träger der bald in einem enggeschlossenen Kreis sich geltend machenden Romantik, Novalis-Hardenberg, dessen schriftliche Abschiedsmahnung μηδὲν ἄγαν allerdings nichts von unklarer Mystik oder Gefühlsschwelgerei verräth.

Die Anregung von Jena war für Creuzer, der es mit Schmerz verliess, um einer ganz unsicheren Zukunft entgegen zu gehen, von bleibender Bedeutung. Nun studirt er Lessing, Herder und Winckelmann, nun sucht er in Kassel die neugebildete Kunstsammlung auf, ebenso aber auch eröffnet sich ihm Plato unter Tiedemanns Leitung zuerst als die Urquelle alles Idealismus, und über den griechischen Historikern von Herodot bis inclusive Polybios sitzt er Tag und Nacht in unmittelbarster Vergleichung der gewaltigen Ereignisse jener Jahre mit den weltgeschichtlichen Kämpfen bei Herodot oder den innern Revolutionen der attischen Demokratie. Es wird ihm immer klarer, dass die genetisch-geschichtliche Auffassung der Dinge, dass die Geschichte der wirkenden Ideen in den Ereignissen und Zuständen, insbesondere des klassischen Alterthums, seine umfangreichen, auf der ausgebreitetsten Lectüre ruhenden Studien bestimmen müsse. Er empfand es dagegen als einen Mangel seiner Natur, für das Musikalische, für die feine Rhythmik der Poesie nicht in der Weise begabt zu sein wie sie eben damals von Gottfried Herman so bahnbrechend verkündet ward.

In seiner Erstlingsschrift, die er 1797 erst zu veröffentlichen die Möglichkeit fand, über Herodot und Thukydides spricht er einfach aus[9]: „weil dem Verfasser die alten Historiker philosophisch, d. h. nach eben den Grundsätzen, welche die Kenntniss der allmäligen Entwickelung des menschlichen Geistes an die Hand geben muss, noch nicht in dem Grade, wie die ältesten Dichter, bearbeitet scheinen, so hat er einige Ideen der Art hier anzuwenden versucht." Homer hatte er gerade damals eifrigst mit den eben erschienenen Prolegomenen Fr. A. Wolf's, einem Werke, dem er den grössten Einfluss auf sich zuschreibt, studirt.

Noch einmal verlässt Creuzer 1798 Marburg, um als Hauslehrer seinen Zögling auf die Universität zu begleiten, diesmal nach Leipzig, wo er ausser Chr. Dan. Beck auch den 1½ Jahr jüngeren Gottfried Hermann bereits über Aeschylus in jugendlicher Congenialität vortragen hört.[10]) Seitdem sind sie bei aller Verschiedenheit ihrer Natur und ihrer wissenschaftlichen Richtung in freundschaftlicher, Beide ehrender Verbindung geblieben.

Nach Marburg zurückgekehrt gründet er seinen häuslichen Heerd und tritt ohne äussere Sicherung an die Spitze einer zahlreichen ihm zugebrachten Familie, aus der ihm der unternehmende weitblickende Verleger seiner Werke, Leske in Darmstadt, hervorgehen sollte. Er beginnt nun erst die Docentenlaufbahn und wird 1799 ausserordentlicher Professor der griechischen Sprache, 1803 ordentlicher Professor der Eloquenz in Marburg. Brachte die letztere Professur ihm die oft drückende Nöthigung sich für die zahlreichen Memorien gestorbener Collegen um die Gelehrtengeschichte im weitesten Umfange zu kümmern, so auch die volle Gelegenheit die frühe gewonnene Uebung der lateinischen Sprache nun in künstlerischer Ausgestaltung zu bewähren. In der That fesseln auch spätere lateinische Festschriften, wie die Rede über Athen als Mutter der Humanität, durch eine eigenthümliche Eleganz und Abrundung des Ausdruckes.[11]) Noch in späten Lebensjahren verstand er es meisterlich in lateinischer Form kernige Tischreden zu halten, während er im Stegreif mit dem deutschen Ausdruck oft mühsam rang, und ihm ein glatter, fliessender Vortrag nie eigen war.

Die 1803 in Marburg erschienene Schrift über „die historische Kunst der Griechen" ist aber auch in der Form als eine reife Frucht eindringendster Studien zu betrachten. Zum ersten Male wird einleuchtend und wahrhaft wegweisend der Faden der Historie zurückverfolgt in die Periode der Heldenzeit und des Heldenliedes, wie durch die jüngere Entfaltung der Lyrik und Tragödie. „Nicht blos das Epos, sondern die ganze Naturpoesie der Griechen ist mit der historischen Ader gleichsam durchwachsen." Die Ironie dagegen oder vielmehr Satyre als Grundton im Geschichtswerke ist nach Creuzer's Anschauung dem innersten Geiste der Historie zuwieder. Hinter der klaren Zeichnung der einzelnen Epochen und der scharfen Charakteristik ihrer Vertreter, vor allem eines Herodot, Thukydides, Xenophon, tritt die operose Gelehrsamkeit, die Creuzer's späteren Schriften so oft unbehülflich anklebt, zurück und doch werden die weiten, leeren Strecken in der Entwickelung der griechischen Geschichtschreibung nicht zugedeckt, im Gegentheil darin zu vielseitigem Einzelstudium Anstoss gegeben. Die bedeutendsten Arbeiten auf dem Gebiete der Fragmentsammlung griechischer Historiker sind von Creuzer selbst und unter seinen Augen unternommen.[12]) Die umfassendste, erklärende Ausgabe des Herodot ward von ihm geplant, von seinem Schüler Bähr dann ausgeführt und vollendet. Von unserem früh verewigten Collegen Häusser befinden sich z. B. in Creuzer's Nachlass noch zwei Seminararbeiten in dieser Richtung. Und gerade dieser hat mir seine dankbare Anhänglichkeit an den bereits alternden Lehrer und die Förderung seiner historische Interessen durch ihn oft ausgesprochen.

Das Marburger Leben hatte inzwischen sich frischer und reicher als früher gestaltet, und besonders war es Savigny, der sieben Jahre jüngere, welcher mit Creuzer in ein engstes Freundschaftsverhältniss trat, das ihr ganzes Leben hindurch ungetrübt fortbestand; sie haben eine Zeit lang zusammen gewohnt, sie sind zusammen gewandert zwischen Lahn und Rhein, sie haben später schriftlich noch in lebhaftem

Austausch gestanden. Noch im Jahr 1855 trat Savigny unerwartet bei Creuzer ein, um sofort, wie derselbe schreibt, in ein theologisches Gespräch sich zu vertiefen. Savigny war der verborgene Leiter der ersten glücklichen Berufungen für Heidelberg, er selbst hatte sich bereit erklärt als Romanist in die Mitte der neuen juristischen Fakultät zu treten, durch Savigny ward Creuzer die rechtliche Seite des römischen Lebens eröffnet, die er seitdem mit besonderem Interesse verfolgte.[13]) Sein Abriss der römischen Antiquitäten, welcher zwei Auflagen erlebte, seine Abhandlung über die römische Sclaverei, seine Ausgaben der Ciceronischen Schriften de Republica, de Legibus, der Verrina de praetura Siciliensi sind die Frucht dieser gerade auch für die Heidelberger Lehrthätigkeit, die dieses Gebiet mit umfasste, so wichtigen Anregung geworden.[14])

Darin liegt das Grosse und die durchschlagende Wirkung jener kräftigen am Ende des vorigen Jahrhunderts auftretenden Geister, dass sie sich nicht früh abschliessen in einem engbemessenen Kreis von Kenntnissen, nicht ängstlich abwehren jeglichen Einfluss der von dem Nachbargebiet ausgeübt werden konnte; nein dass sie des grossen Zusammenhangs alles Denkens und Erfahrens bewusst eine Fülle scheinbar fern liegender Kenntnisse und Anschauungen sich in persönlich freiem Austausch aneignen und verwerthen, dass sie alle wie getragen werden auf einem hochgehenden, alles überfluthenden Strome.

Das Jahr 1804 verpflanzte den bereits 33jährigen Mann auf den Boden von Heidelberg, auf dem nun in rascher Folge die Früchte lang gepflegter Studien sich drängten, aber vor Allem die Macht seiner zündenden Worte an der Jugend und sein Eifer für die praktischen Ziele seiner Wissenschaft sich in der Leitung mannigfacher Uebungen des von ihm gegründeten philologisch-pädagogischen Seminares bewährte.[15])

„Nicht anders aber, sagt er, kann das Studium der Alten den Sinn für die ewige Schönheit erschliessend, ein Bildungsorgan zur wahren absoluten Idealität werden, als wenn es in seinem wahren Mittelpunkt aufgefasst und frei erhalten wird von einseitigen Richtungen." Am Schlusse der weiteren Charakteristik der historisch nach einander auftretenden Behandlungsweisen des klassischen Alterthums, einer künstlerisch unmittelbar nachahmenden, einer in unermüdlichen Polyhistorie sammelnden und ordnenden, endlich einer formal prüfenden und kritisch sondernden Methode fährt er fort: „In unsern Tagen gelang es das Antike als ein Ganzes in der Idee zu denken, sein inneres Wesen im Gegensatz gegen das Romantische zu erforschen und daraus die Gesetze seiner Bildung abzuleiten, wodurch es allein möglich ward das Zufällige der antiken Formen von dem Wesentlichen zu unterscheiden."[16]) Wer erkennt hier nicht den vollbürtigen Schüler von Schillers ästhetischen Lehren über das Antike und Moderne, nicht die in Creuzer sich eben vollziehende Auseinandersetzung der verschiedenen Weltanschauungen? Diese Worte sind 1805 geschrieben in dem Aufsatz: „Ueber das Studium der Alten als Vorbereitung zur Philosophie", beim Beginn der von ihm und Daub begonnenen Studien.

Diese Auseinandersetzung mit der Romantik war aber keine im Studierzimmer von Creuzer gemachte bequeme Eintheilung und äusserliche Abfindung, nein ein inneres Erlebniss mitten im freundschaftlichen Verkehr mit den Trägern der Romantik, mit den Schlegel's, mit Tieck, mit Schelling, der ihm noch später schrieb: tecum vivere amem.[18]) In Heidelberg fand sich gerade damals in den Jahren 1806 bis 1807 jene jüngere Gruppe der Romantiker zusammen, ein Clemens Brentano, Achim v. Arnim, Görres, zeitweise Tieck und Windischmann, an die der schwäbische junge Dichterkreis sich anlehnte, die andererseits die jungen germanistischen Studien, die Grimms an der Spitze in die Welt einführten. Von hier ertönte des Knaben Wunderhorn, hier ward die Zeitschrift von und für Einsiedler geschrieben, und in diesem regelmässig sich zusammenfindenden Kreise war Creuzer der hochgeehrte fast tägliche Nachmittagsgast, wie Böckh seit 1807 der Genosse der Tafelrunde selbst.[19]) Creuzer hatte im schweren inneren Kampf im Frühjahr 1806 den gefährlichen Irrweg einer Lösung der langbestehenden Familienbande unter der Uebermacht einer romantischen Liebe zu der Stiftsdame Caroline von Günderode glücklich am entscheidenden Wendepunkte abgewiesen. Dem tragischen Ereigniss ihres freiwilligen Todes war die innere Umkehr Creuzer's vorausgegangen.[20]) Doch überlassen wir es einem künftigen Geschichtschreiber dieser jüngeren romantischen Schule, welche das treffliche Werk von Prof. Haym noch ganz unberührt gelassen hat, aus dem vielfach vorhandenen handschriftlichen Material Creuzer's persönliche Stellung zu den einzelnen Gliedern dieses Kreises zu schildern. Uns genügt es hier das Thatsächliche dieses wichtigen Verhältnisses zu constatiren und zugleich darauf hinzuweisen, dass in denselben Jahren derselbe Mann in rastloser Thätigkeit an die Spitze grosser literarischer Unternehmungen tritt, wie der bereits genannten Studien, wie dann seit 1808 der Heidelberger Jahrbücher, dass die Gründung einer Gesellschaft der Wissenschaften zwischen ihm und v. Reizenstein ernst verhandelt ward, dass er im Verein mit jungen Collegen, mit Böckh und Heinrich Voss d. j., mit Prof. Kayser d. ä. und dem Pädagogen Schwarz einen ganzen Cyclus von Vorlesungen und Uebungen für junge Philologen beginnt, dass er neben der Fortsetzung seiner Studien zu den griechischen Historikern die Reihe seiner wichtigen Arbeiten zu den Neuplatonikern mit einem Aufsatz über Plotin eröffnet; gleichzeitig werden die Ideen einer antiken Symbolik entwickelt und die ersten, ernstlichen Studien in der antiken Münzkunde gemacht.

Da war es im Jahr 1809, dass die Regierung des Napoleoniden Ludwig von Holland den umsichtigen und thätigen v. Meermann an der Spitze, Creuzer zu Wyttenbach's Freude unter glänzenden Bedingungen nach Leyden berief. Jedoch der erste Morgen, an dem

Creuzer in Leyden nach langsamer Reise, unter mehrfachem Verweilen am Rhein und in holländischen Städten, an den Schreibtisch sich setzte, sah ihn seinem Entschluss zu Papier bringen, er sei bereit nach Heidelberg zurückzukehren. War eine böswillige Intrigue gegen ihn, die ihn als Verschwörer gegen Napoleon in Deutschland bezeichnete, auch glücklich beseitigt worden, einen tiefen Stachel in seiner Seele hatte sie zurückgelassen. Und in Holland, so schreibt er selbst, „feine Städte, hübsche Leute, aber ich konnte keinen mythologischen Gedanken fassen in dem flachen Lande. Auch an dem Gestade der sonst so poetischen See waren die französischen Telegraphen keine Obelisken der Sonne und die englischen Wachtschiffe keine Delphine."

Im October dieses Jahres war er in Heidelberg wieder zurück, das er zu Ostern verlassen: die freundlichsten und mannigfaltigsten Beziehungen zu holländischen Gelehrten und Staatsmännern haben ihn aber weiter im Leben begleitet. Wahrhaft anmuthig ist der Briefwechsel zu lesen, der mit der geistreichen Nichte und späteren Gattin Wyttenbach's Jeanne Gallien in lateinischer und französischer Sprache geführt ward.[21]) Reiche handschriftliche Hülfsmittel hat er fort und fort von dort erhalten. Man möchte wohl sagen, etwas von der holländischen Gelehrsamkeit, von den Reichthümern der dortigen Polyhistorie hat er von Leyden mitgebracht und in seinen folgenden Arbeiten ausgebreitet.

Creuzer ist nach dieser missglückten Probe einer Trennung, Heidelberg treu geblieben, obgleich man ihn als Nachfolger Heyne's nach Göttingen gewünscht, bald darauf Bonn, Kiel und München ihn berufen haben. Er hat es freilich nicht verstanden daraus gehörig Kapital für seine hiesige materielle Stellung zu schlagen, wenn sie auch äusserlich mit Ehren umgeben ward. Ihn hielt der Zauber der Gegend, treue, enge Freundschaft mit geistvollen Männern und Frauen, „der freie, ungezwungene, von Hochmuth und Luxus gleichweit entfernte Ton der

"Geselligkeit", den er im Jahr 1814 mit beredten Worten preist.[22]) Ihn umgab eine grosse und mannigfaltig zusammengesetzte Zuhörerzahl, in jenen Jahren von 1810—25, dem Höhepunkt seines Wirkens, endlich war es ihm Freude wieder anzuknüpfen an die grosse philologische und archäologische Tradition Heidelbergs, an die Zeiten eines Xylander, Sylburg. Gruter, Aemilius Portus, Pareus und später Ezechiel Spanheim, die nun durch die Rückkehr der palatinischen Bibliothek in die unmittelbare Gegenwart gerückt zu werden schienen. Und diese von ihm selbst vor allem betrieben, bot ihm eifrigst genützten Stoff zu Arbeiten. Mit Freuden konnte er bald hinweisen auf die stattliche Reihe junger Philologen und Theologen, die als Seminaristen selbstständige Arbeiten lieferten, die in Leyden, Paris, Venedig handschriftliche Studien machten, die dann als Lehrer in den verschiedensten Theilen Deutschlands wirkten.[23]) Ja, er verstand es redlich damals, was er als Motto brauchte. συμφιλολογεῖν καὶ συνενθουσιάζειν. Mais vous mettez de l'âme dans vos discours, sagte ihm erstaunt ein französischer hospitirender Gelehrter. Seine Hauptcollegien wurden Jahre hindurch die weitaus besuchtesten, unter allen allgemein bildenden an der Universität. Im grossen Pandektensaal ward über Symbolik und Mythologie gelesen, und aus allen Fakultäten strömte man herbei ihn zu hören.

In der That bedarf es, um von den Lebenden auch in unserer Mitte zu schweigen, die in den zwei und drei ersten Jahrzehnten bei Creuzer gehört haben, die von ihm bleibende Anregung empfangen, nur die Theologen Rothe und Ullmann, die Philologen K. F. Hermann, Walz, Schubart, Moser, den ersten Grenadier seines Regimentes, wie er ihn zu nennen pflegte, Nizze, Pauly, Spengel, Albert Jahn, Vömel, Bähr und Kayser, nur die Archäologen Stackelberg, Parthey, Anselm Feuerbach, Baron Eckstein, Roulez, Hamilton den Reisenden, Guigniaut, den Kunsthistoriker Waagen, Historiker und Literarhistoriker wie Kortüm, Edgar

Quinet, Juristen wie Maurer, Dirksen und Böcking zu nennen, um von dieser weitgehenden Wirkung eine Anschauung zu geben.[23])

Dazu kam ein reger, nicht so massenhafter und nur flüchtig vorüberziehender Fremdenverkehr in Heidelberg, das damals zwischen 1814 und 1818 einen ganz besondern, unvergleichlichen Schatz für Kunstanschauung darbot, die Sammlung der altdeutschen Gemälde der Gebrüder Boisserée, welche zuerst wieder auf unsere nationale Kunstentwicklung im 14., 15. u. 16. Jahrhundert volles Licht warfen. Creuzer hat mit den Boisserée und Bertram in engster Beziehung gestanden.[24]) Und jene Tage und Wochen, wo der Altmeister Göthe 1814 und 15 hier weilte, wo eine Reihe seiner schönsten Gedichte des westöstlichen Divans am Fusse des Schlosses und in seinen Ruinen entstanden, waren für Creuzer Tage der eingehendsten Gespräche über das Thema der Wechselbeziehungen von Orient und Occident, in dem der grosse Dichter und der gelehrte Forscher sich unmittelbar begegneten.[25])

Schon damals hat Heidelberg, als Universität so nahe den Grenzen Deutschlands, an der grossen Völkerstrasse des Rheinstroms gelegen, den internationalen Charakter, den es im 16. Jahrhundert besessen, wieder neu ausgebildet. Und Creuzer war einer der ersten Männer, welche der deutschen Alterthumswissenschaft in Frankreich, den Niederlanden, England, Italien vor allem Bahn gebrochen und ihr hohes Ansehen begründet haben. Hier in Heidelberg und in Creuzer's einfachem Studirzimmer haben die Victor Cousin, die Guizot, Quinet, Laboulaye den befruchtenden Einfluss deutscher Philosophie und Humanitätswissenschaft erfahren und hinübergetragen über die deutschen Gränzen.[26])

Creuzer empfand sehr wohl das Bedürfniss nicht blos zur Erfrischung die Freunde in der Nachbarschaft aufzusuchen, an den Rebhügeln zu Wachenheim sonnige Herbsttage zu verträumen, zu Fuss über Berg und Thal zu wandern, vor allem auch der künstlerischen Anschauung Nahrung zu geben, den bildlichen Symbolen und Kunstdenkmalen des Alterthums selbst nahe zu treten. Von Göttingen brachte er nach einer Reise den lebhaften Wunsch einer umfassenden, kunsthistorischen und ethnographischen Sammlung mit; in München sah er zuerst 1821 bei längerem Aufenthalt die edelsten Zeugnisse altgriechischer Kunst. Eine schon 1812 geplante Reise nach Paris ist erst 1826 zur Ausführung gekommen. Italien hat er nie gesehen, auch nicht das wunderbare Depot der griechischen Kunst in England, aber unter seinem direkten Einfluss und Aufmunterung ist das für damals grossartige Unternehmen der deutschen Bearbeitung der Alterthümer von Athen von Stuart und Revett nebst den weiteren Werken der Dilettanti von Darmstadt aus durchgeführt. Wenn irgend trat hier die Enge unserer kleindeutschen Verhältnisse hindernd entgegen; wir können aber auch sagen und stützen uns dabei auf gelegentliche Aeusserungen Creuzer's selbst, die Fülle und Mannigfaltigkeit antiker Kunstsammlungen hatte für ihn etwas Bedrängendes, Beunruhigendes, fast Peinliches; die Kraft der raschen Orientirung will auch geübt sein, die Vereinigung der Unruhe des Reisens mit der stillen, stetigen Arbeit des Beobachters fällt Persönlichkeiten überwiegend prophetischer, sinniger, speculativer Natur schwer. Die elegante Technik der Arbeit, welche auf dem archäologischen Gebiet heutzutage oft als das allein Werthvolle betrachtet wird bei sehr geringer Befähigung für eine historische, philosophische und ästhetische Verarbeitung des Erkundeten, hat Creuzer allerdings früh zu lernen noch nicht Gelegenheit gehabt. So hat Creuzer nur aus der Ferne, aber doch thätig an der Gründung des archäologischen Instituts Theil genommen, seine Geistesrichtung aber war zu einem guten Theil in Männern wie Bunsen, Gerhard, Panofka, Welker, dem Herzog von Luynes die bestimmende. Und über die wichtigen archäologischen Entdeckungen der französischen Expedition nach Morea, über die von ihr leider nur begonnenen, aber so bedeutende Resultate ergebenden Ausgrabungen von Olympia erhielt Creuzer unmittelbar durch seinen Schüler **Edgar Quinet** die ersten Nachrichten in Deutschland, wie er eine Reihe bestimmter Aufgaben derselben zuvor gestellt hatte.[27] Um so eifriger finden wir ihn beschäftigt in nächster Nähe die römischen Reste aufzusuchen und zu sammeln, in übersichtlicher Darstellung die römische Cultur am Oberrhein zu behandeln. In enger Beziehung stand zu ihm der kunstsinnige Reichsgraf **Franz zu Erbach-Erbach**, dessen Antikensammlung schon 1810 zuerst besucht, aus dem einzelnes Werthvolle, freilich nicht das Bedeutendste veröffentlicht wurde. Die so bedeutende **Maler'sche Sammlung** von antiken Gefässen, Terracotten und Bronzen, welche in Karlsruhe für die Kunsthalle erworben ward, ist durch **Creuzer** in einer Auswahl von Vasenbildern bekannt geworden. Mit besonderer Liebe für die alte Heimath veröffentlichte und erklärte er die antiken geschnittenen Steine, welche den Schrein der heiligen Elisabeth zur Marburg bis 1810 zierten, wo derselbe nach Kassel entführt, dieses kostbaren Schmuckes beraubt ward. Und fast wie eine schöne Belohnung des heimischen Bodens gegenüber seinem Erforscher musste es erscheinen, als unmittelbar vor Heidelbergs Thoren das damals bedeutsamste und erhalteneste Denkmal des persischen Sonnendienstes, der **Mithrasstein** von Neuenheim, im nordlichen Grenzland 1838 zu Tage trat, und seine Erklärung dem greisen Vertreter der orientalischen Kunstsymbolik anheimfiel. Hatte **Creuzer** um sich selbst eine kleine archäologische Sammlung gebildet für seinen akademischen Gebrauch, wobei ihm sein alter Freund, der treffliche Kunstmäcen J. D. **Weber** zu Venedig freundlich spendend zur Seite stand, so hatte er die Freude, dass 1835 die Mitglieder des philologischen Seminars ihm zu Ehren das Antiquarium Creuzerianum, eine Münzsammlung stifteten, die den Anfang der Sammlung unseres archäologischen Institutes gebildet hat.[28]

Wir sind mit diesen Zeugnissen eifriger archäologischer Thätigkeit weit über die Grenzen jener von uns eben bezeichneten Blüthezeit hinausgegangen, sie fallen fast alle in den letzten Lebensabschnitt seit 1830, aber sie kurz zu überschauen war durchaus nöthig, um über die Hauptrichtungen und die Breite seines Wirkens klar zu werden, und gerade diese, zunächst landschaftliche, stillere, in Südwestdeutschland aber einzigartige Wirksamkeit wird heutzutage an dem Symboliker und Mythologen so gut wie ignorirt.

Der 1818 veröffentlichte Briefwechsel zwischen Gottfried Hermann und Creuzer über Homer und Hesiodus offenbart uns die eigenthümlich wissenschaftliche Natur Creuzer's und seine spezielle Betrachtungsweise der Mythologie und griechischen Religionsgeschichte gegenüber der von Gottfried Hermann vertretenen verstandesmässig reflectirenden Weise: er bleibt übrigens fort und fort ein ehrwürdiges Denkmal eines guten Streites, einer ἔρις ἀγαθή zweier bedeutender, auf dem Gipfel ihres Ruhmes stehender Männer.[29]) Ebenso kann die zweite Bearbeitung der Symbolik 1818—21, die auch die Völker des Nordens umfasste, als massgebend für Creuzer's mythologischen Standpunkt betrachtet werden.

Wir haben bisher Creuzer in den verschiedenen Phasen seiner Entwicklung verfolgt: unter dem Einflusse der grossen ästhetischen, überhaupt philosophischen Bewegung am Ende des vorigen Jahrhunderts, später unter dem bedeutsamen, persönlichen Einflusse der romantischen Schule, wir fanden in ihm eine früh genährte, innerliche Beziehung zu dem Religiösen und sinnvoll Bildlichen, wir haben ihn arbeiten sehen im Grossen und Ganzen mit dem historisch-philologischen Material eines Heyne in Göttingen wie der holländischen Gelehrten. Wir verstehen an ihm vollständig, wenn er sagt: „die Philologie fordert von ihren Pflegern historischen Fleiss, poetischen Sinn, philosophischen Geist." Er ist der in Editionen und Einzelarbeiten ebenso wie in umfassenden Darstellungen gleich thätige Gelehrte, der aus dem Ganzen herausschafft, und das Einzelne nur als Bausteine umfassender Pläne betrachtet, der unermüdet sich dabei umschaut nach den handschriftlichen

Hülfsmitteln, wie nach der immer sich mehrenden Fülle neu gefundener Kunstdenkmäler, der mit einer seltenen Pietät den Arbeiten seiner Vorgänger nachspürt und überall wo sie brauchbar erscheinen, dieselben selbst reden lässt; der aber — und das lehrt gerade das Studium seiner Einzelaufsätze — nie den gesunden Menschenverstand bei aller Leichtigkeit des Combinirens verläugnet.

Kennzeichnen wir nun noch die eigenthümlichen Gebiete, in denen er bahnbrechend gewirkt und fort und fort wirken wird und damit den Mittelpunkt seiner wissenschaftlichen Natur. Creuzer war ein überwiegend anschauender, Ideen auffassender Geist, in dem Tiefsinn und Phantasie mit einem trefflichen Gedächtniss sich wunderbar verbanden, in dem aber der sondernde, zersetzende oder dialektisch Gedanken weiter fortspinnende Verstand nicht völlig das Gleichgewicht dazu hielt, ein Geist, der nach der Göthe'schen Scheidung bedeutender Menschen auf die Seite Plato's, nicht des Aristoteles zu setzen ist. Er war ein Gelehrter, in dessen Arbeiten fort und fort der ganze Mensch mit in Bewegung erscheint, dem seine Wissenschaft unmittelbar in Leben und Wirken sich umsetzt, dem das höchste Gebot des Alterthums: „erkenne dich selbst" und das Ziel der Tragödie „Reinigung der Leidenschaft" zu eigenen Lebensgesetzen geworden sind.

Eine Doppelbeziehung ist es, in die er das Studium der Antike gesetzt hat, zur Erforschung des Orients, wie zu den im Christenthum lebendigen Ideen, es ist die Vertiefung aller mythologischen und archäologischen Forschung unter dem Gesichtspunkt der gemeinsamen Wurzel des Religiösen. „Dass der gewaltige Orient mit seiner massenhaften Körperlichkeit herandringend, die Gespensterfurcht deutscher Philologen endlich überwinden müsse", daran hat er, wenn irgend Einer, zuerst gearbeitet.

Er hat die grossen, befruchtenden Ströme der Anschauung des Indischen, wie des Zendalterthums, wie anderseits von Egypten und Babylon, welche damals eben aus den Arbeiten der ersten Indologen, aus der Uebersetzung des Zendavesta wie der indischen und persischen Epopöen, aus den Reiseberichten über die Denkmälerwelt Vorderindiens, wie die Ruinen von Persepolis, wie andererseits aus den Resultaten der französischen Expedition nach Egypten sich ergossen, auf die schönen Fluren Griechenlands in die duftenden, vom Hauche griechischen Schönheitssinnes durchwehten Gärten am Ilissos, in die Haine an dem Fusse des Olympos, oder im breiten Thalgelände des Alpheios geleitet.

Ihm ist es um eine mythologische Ethnographie zu thun, um eine „Naturgeschichte der ethnischen Religionen", er versucht es die Stufen der Entwickelung von dem orientalischen Hylozoïsmus zum edelsten Formalismus der hellenischen Welt nachzuweisen.

Darum ist er aber nicht Vertreter eines voreiligen, rohen Synkretismus. „Der alte, griechische Mythus, sagt er, ist für uns ein historisches Factum, und als solches soll er auf dem Wege historischer Forschung durch grammatische Auslegung aus den Wurzeln der griechischen Sprache, und aus dem Sprachgebrauch, mit einem Wort aus schriftlichen und bildlichen Denkmalen, soweit sie auf griechischem Grund und Boden ruhen, ausgemittelt und herausgebildet werden, und man soll nicht in der Fremde suchen wollen, was hier als einheimisch zu finden, und befriedigend zu erklären ist."[30])

Ueber das poetisch schöne Spiel und die individuell menschliche Ausgestaltung der Mythologie in historischer Zeit ist er vorgedrungen zu den einfachen grossen Urgedanken der indogermanischen Vorzeit und deren Symbolen, zu einer Bildersprache, welche analog der Sprachbildung sich gestaltet vorgedrungen zu einer Culturstufe, in der das Physische und Ethische noch ungetrennt im menschlichen Bewusstsein lag. Er hat zur Erkenntniss derselben alle Quellen zuerst, Mythus und Sage, den religiösen Brauch des Cultus, und das Bildwerk umfassend benutzt. „Den Zusammenhang, sagt er, und Geist des alten Glaubens, Dichtens und Bildens zu erforschen, und in den Werken des Alterthums. den religiösen Mittelpunkt, worin sie sich vereinigen nachzuweisen, halte ich für einen Hauptzweck meines Lehrberufes und meiner wissenschaftlichen Bestrebung."[31]) Es bedarf dabei vom heutigen Standpunkt der mythologischen Forschung keiner besondern Hervorhebung, dass er ein zu grosses Gewicht auf die Geheimdienste gelegt, den Cult des Dionysos und der Erdgottheiten wenigstens zu gleichmässig für alle Zeiten in den Vordergrund gestellt hat.

Wie Creuzer die ältesten Quellen der religiösen Ideen im weiten Osten und auf einer vorhistorischen Stufe sucht, so verfolgt er auch ihre letzte Ausgestaltung in der griechischen Philosophie. Er hat das lang vernachlässigte Studium der Neuplatoniker wahrhaft neu belebt, und darin für die Entwicklung des Christenthums eines der wichtigsten Momente aufgewiesen; von ihm aus ist die Theologie, wie von keinem neueren Philologen befruchtet worden, und zwar nicht einseitig in einer einzelnen Richtung. Man lese nur, was der berühmte Begründer der Tübinger Schule, Ferd. Chr. Baur 1824 über den Einfluss des klassischen Werkes von Creuzer — so nennt er es — auf seine Studien sagt[32]), man verfolge anderseits die Einwirkung Creuzer's auf die sogenannte positive Theologie, auf einen Neander, Ullmann, Umbreit, Tholuk. Bunsen hat in ihm gerade darin seinen Vorgänger verehrt.[33]) Es ist von Creuzer das Religiöse als ein eigenthümliches Gebiet im Geistesleben des Alterthums erkannt. Es ist von demselben nicht ein starres System von Wahrheiten, oder die Willkür von Erfindern, wie man noch neuestens ihm irrthümlicher Weise zugeschrieben, sondern ein Entwicklungsprocess im Zusammenhang mit der ganzen Culturgeschichte, aufgezeigt und mit unendlichem Fleiss dargelegt worden.

Wir brechen hier ab in der weitern Darstellung des Creuzer'schen Lebens und Wirkens. Der gewaltige Streit, der sich seit 1821 erhob, in den Jahren 1824, 1825 gipfelte, in welchem der greise J. H. Voss, mit der ganzen Derbheit seiner nordischen Natur, mit der Heftigkeit des Greises, und dem aus anderen Quellen stammenden und lange genährten Unmuth auf Creuzer, als auf den angeblichen Vorkämpfer einer jesuitischen Reaction losschlug, bedarf um unparteiisch gewürdigt zu werden, einer genauen Prüfung der Hauptcharaktere und der sie umgebenden Nebengestalten.[33]) Ebenso wird Creuzer's Verhältniss zu den politischen Bewegungen, die seit 1830 in hervorragender Weise im badischen Lande zu Tage traten, denen er als ein warm empfindender Beobachter zur Seite herging, seine Stellung zu der verhängnissvollen, systematischen Beschränkung der klassischen Studien in diesen Landen, die ein kurzsichtiger Liberalismus jener Tage auf seine Fahne schrieb, und die in ihm den Entschluss des Rücktritts von seinem Lehramt rascher reifen liessen, näher aus seinen Briefen und persönlichen Erinnerungen derer, die ihm nahe gestanden, zu schildern sein.[34]) Nur das Eine sei gesagt, er hat nach politischem Einfluss, als die ganze Gunst der höheren Kreise ihm entgegen kam, nie gestrebt, er ist in erster Linie, und immer mehr und mehr ein akademischer Lehrer, ein Forscher, wie er sich selbst nennt, „ein alter Professor" geworden.

Wir schliessen diese Charakteristik mit den ergreifenden Worten der Sehnsucht, die er Nachts während einer Krankheit im 84. Jahre dichtete:

„Die müden Lebensgeister
Sie schweifen hin und her!
Sie suchen ihren Meister
Den Schlaf — wo weilet er?
Komm lieber Schlaf, komm wieder
Berühre Haupt und Glieder
Und stell die Ruhe her!"

Und die letzten Worte die er überhaupt in seinem Kalender aufgezeichnet, sind zwei Wochen vor dem Tode am 1. Febr. 1858 eingeschrieben: „Suchst du Ruh, so such sie nach Arbeit und Müh, sonst findest du sie nie." Es sind Worte, die er einst täglich als Student von Jena geschrieben las über einer Laube des Hausgartens seiner Wohnung, die ihm nun nach der heissen 87jährigen Lebensarbeit als ihrer Erfüllung im höchsten Sinne nahe frisch vor die Seele traten.[35])

Wenden wir uns nun zu der Chronik der Universität für das ablaufende Jahr 1874. Die Zahl der immatriculirten Studirenden betrug am Schlusse des Wintersemesters 1873—74 592, im verflossenen Sommersemester 838, bis jetzt stellt sich die Zahl derselben auf 534, voraussichtlich wird, da fast täglich noch Anmeldungen kommen, die Zahl 540 bald erreicht sein.

So sehr wir uns freuen zu constatiren, dass durch den Tod kein Glied des akademischen Lehrkörpers abgerufen ist, so schmerzlich empfinden wir die zahlreichen Verluste, die uns durch den Weggang verehrter Collegen betroffen haben, wenn sie auch als ein glänzender Beweis des Reichthums unserer Akademie erscheinen müssen. Aus der theologischen Fakultät hat uns Herr Prof. Holtzmann am Ende des Semesters verlassen um einem Rufe an die Universität Strassburg zu folgen, Herr Prof. extraord. Pierson um in seinem Vaterlande Holland eine publicistische Stellung einzunehmen.

Aus der juristischen Fakultät schied der bisherige Prorektor. Geh. Rath v. Windscheid um an der Universität Leipzig als Lehrer des römischen Rechts zu wirken. Herrn Prof. extraord. Asher konnte der Urlaub auf unbestimmte Jahre hinaus nicht länger ertheilt werden, er schied daher aus dem Lehrkörper.

Herr Prof. extraord. Brie folgte einem Rufe als ord. Prof. nach Rostock. Herr Privatdocent Dr. Cohn einem solchen als ausserord. Prof. an die Universität Zürich. Ebenfalls nach Zürich ging aus der medicinischen Fakultät als ord. Prof. der Philosophie Prof. extraord. Wundt. Die philosophische Fakultät verlor — ein Verlust, auf den bereits vor einem Jahr als bevorstehend hingewiesen ward — zu Ostern Herrn Prof. v. Treitschke an die Universität Berlin. Kurz nach Ostern verliess uns Prof. honorar. Stoy, um als Prof. honorar. der Pädagogik in seine frühere Stellung nach Jena zurückzukehren. Der geologische Reisende Dr. Reiss hat seine Stellung als Privatdocent hier gelöst, um in Südamerika bleibend sich niederzulassen. Der Bibliothekscustos Dr. Hinck ist in diesen Tagen nach Greifswalde in eine gleiche Stellung übergegangen. Leider haben wir wieder auf einen bevorstehenden grossen Verlust schon hinzuweisen, auf Herrn Prof. Königsberger, welcher zu Ostern nach Dresden als Direktor eines mathematischen Seminars am Polytechnikum gehen wird. Möchten andere drohende Gefahren von der Universität abgewendet werden können!

Als neu eingetreten haben wir die Freude hier zum ersten Male zu begrüssen, in der theologischen Fakultät Herrn Prof. Dr. Schulz, in der juristischen Herrn Geh. Hofrath Prof. Dr. Bekker, in der philosophischen Herrn. Prof. Dr. Erdmannsdörffer.

An die Stelle von Dr. Hinck ist Dr. Schlüter als Bibliothekscustos getreten, an die Stelle des zum Revisor bei dem Verwaltungshofe ernannten langjährigen Verwalters am akademischen Krankenhause, Kappes, Herr Spohn, bisheriger Revisor an derselben Stelle. Seit Ostern ist der bisherige Diener am Grossh. Gymnasium, Schmidt, als dritter Oberpedell angestellt worden.

Befördert wurden der bisherige Prof. extraord. Nuhn zum Honorarprofessor in der medicinischen Fakultät mit einem besonderen Lehrauftrag für descriptive Anatomie, der bisherige Honorarprofessor der Landwirthschaft Dr. Stengel zum ordentl. Professor in der philosophischen Fakultät, der Prof. extraord. Ihne ward mit Staatsdienereigenschaft angestellt mit dem Lehrauftrag für englische Sprache und Literatur, zu ausserord. Professoren wurden ernannt die Privatdocenten Dr. Waltz

... Köther. Herr Hofrath Prof. Köchly ward auf weitere 3 Jahre zum ausserordentl. Mitglied des Oberschulrathes ernannt.

An Titelverleihungen bemerken wir, dass Hofrath Zöpfl zum Geh. Hofrath, die Professoren Dr. v. Reichlin-Meldegg und Ribbek zu Hofräthen ernannt wurden. Ordensverleihungen fanden Statt: das Commandeurkreuz des Zähringer Löwenordens erhielt Prof. v. Treitschke das Ritterkreuz I. Klasse Prof. Dr. Gass und der Prorektor. Herr Geh. Rath Kirchhoff ward durch S. Majestät den Deutschen Kaiser und König von Preussen durch den Orden pour le mérite in der Friedensklasse, Herr Geh. Rath Heinze ward durch das Comthurkreuz des kaiserl. österr. Franz Joseph-Ordens ausgezeichnet.

Von weiteren auswärtigen Auszeichnungen erwähnen wir, dass Licentiat Sevin von der evang. theol. Fakultät zu Wien die Würde eines Doktors der Theologie soeben sich erworben hat.

Die Universität hat zu ihrem Vertreter in der I. Kammer im vorigen Winter Geh. Rath Renaud gewählt. An auswärtigen Berathungen und Versammlungen nahmen im Auftrage der Regierung Theil Geh. Rath Bluntschli an der internationalen Conferenz zu Brüssel, an der Commission für Erhaltung der Gypsabgüsse zu Berlin der Prorektor, an dem botanischen Congress zu Florenz Prof. Pfitzer, an dem internationalen Orientalistencongress die Herren Weil, Windisch und Eisenlohr. Dr. Nohl erhielt aus dem Fond für Kunst und Wissenschaft eine Summe zum Behufe wissenschaftlicher Arbeiten in Berlin und Wien. Dr. Kossmann befindet sich auf einer wissenschaftlichen Reise an das rothe Meer mit Unterstützung der Kgl. Preuss. Akademie der Wissenschaften. Auch für das folgende Jahr ist durch die Grossh. Regierung ein Arbeitstisch in der zoologischen Station des Dr. v. Dohrn in Neapel zum Besten der zwei Landes-Universitäten gesichert worden.

Der hohen Staatsregierung im Einverständniss mit den Ständen des Landes verdankt die Universität eine sehr bedeutende Vermehrung der ständigen materiellen Mittel wie eine Reihe ausserordentlicher Verwilligungen. Wurde zunächst das Deficit des letzten Jahres mit 14,406 fl. 57 kr. aus dem Unterländer Studienfond gedeckt, so ist die Dotation mit der neuen Budgetperiode um jährlich 28,000 fl. gesteigert und ausserdem die Wohnungsgeldzuschüsse der Lehrer und Bediensteten mit jährlich 17,673 fl. geregelt. Von den akademischen Instituten haben eine Anzahl eine Erhöhung ihres Aversums, andere ausserordentliche Zuschüsse, andere beides erhalten. Wir nennen die Bibliothek (mit 1200 fl. ständig, 3600 fl. einmalig), das Seminar für neuere Sprachen (mit 50 fl. ständig, einmaligem Zuschuss von 600 fl. zur Begründung der Bibliothek), das archäologische Institut (mit 100 fl. einmalig), das mineralogische Kabinet (ständig 200 fl., einmalig 220 fl.), das botanische Institut (ständig 2080 fl., Deckung des einmaligen Deficits 1220 fl., Lokalmiethe 200 fl.), das chemische Laboratorium des Prof. Lossen (widerruflicher Beitrag zur Lokalmiethe 200 fl.), die medicinische Poliklinik (einmalig 800 fl.), der elektrotherapeutische Unterricht (ständig 250 fl.), insbesondere die anatomische Anstalt (einmaliger Zuschuss 1000 fl., nachträgliche Bewilligung nahezu 1200 fl.)

Die anatomische Anstalt hat einen Anbau von Arbeitsräumen ausgeführt erhalten und eine grössere bauliche Veränderung ist für die nächsten Budget-Jahre in Aussicht genommen. Der Neubau des physiologischen Institutes erhebt sich in rascher Förderung an der Akademiestrasse, die grossen Bauten der medcinischen Anstalten sind dieses Jahr um zwei Hauptgebäude und vier Baracken vermehrt worden. An sie wird sich bald eine Irren-Anstalt für den klinischen Unterricht anschliessen. Der landwirthaftliche Unterricht hat soeben in dem vom Staate angekauften Riesen Räume zugewiesen erhalten; ebenso die botanischen Mikroskopir-Uebungen vorläufig in einem medicinischen Neubau. Nachdem die Stadt ihr Eigenthumsrecht an dem Grund und Boden des botanischen Gartens urkundlich abgetreten hat, ist die Verlegung desselben weiter westlich vor die Stadt in Ausssicht genommen, während der grösste Theil des bisherigen in Bauplätze verwandelt werden wird.

Eine andere Eigenthumsveränderung hat bei dem Universitätsgebäude selbst stattgefunden, indem die auf demselben befindliche, bisher der Stadt gehörige Thurmuhr in das Eigenthum der Universität unter Wahrung des städtischen Interesses übergegangen ist. Auch die Universitätsinstitute haben im Laufe des Jahres die nöthigen technischen Einrichtungen bekommen, so dass seit Herbst auch sie an der Wohlthat der städtischen neuen Wasserleitung Theil nehmen.

Wir sprechen der hohen Staatsregierung unsern ehrerbietigsten Dank für diese so vielseitige Förderung der Interessen unserer Universität aus. Auch eine grosse Zahl deutscher wie auswärtiger Staatsbehörden, sowie Gesellschaften und Privatpersonen haben Institute der Universität mit Geschenken bedacht.

In ersterer Linie kommt in Betracht die Universitätsbibliothek, worüber der Bericht der Direktion lautet:

Der Universitätsbibliothek ist auch in dem vergangenen Jahre eine erhebliche Anzahl von Geschenken zugegangen, durch welche sich das Interesse, welches man im In- und Auslande diesem wissenschaftlichen Institute schenkt, von Neuem bethätigt hat. Die Bibliothek erhielt werthvolle Gaben namentlich von dem Gr. Staats-Ministerium, dem Gr. Ministerium des Innern, des Gr. Hauses und des Handels, von der Badischen Ständekammer, dem deutschen Reichstage, der Kgl. Bairischen Akademie in München, dem naturwissenschaftlich-medicinischen Verein in Heidelberg, dem badischen Forstverein, dem Gemeinderath der Stadt Freiburg i. B., der k. k. geologischen Reichsanstalt in Wien, der k. k. Sternwarte in Prag, dem Kgl. Preuss. und dem Kgl. Sächs. statistischen Büreau und dem handelsstatistischen Büreau von Hamburg. Ferner gedenken wir mit besonderem Danke der wesentlichen Bereicherungen, welche unserer

Sammlung zu Theil geworden sind durch Sr. Majestät den Kaiser von Oesterreich, den Grafen Puslowski in Wilna, die Regierungen von Italien, Spanien, den Vereinigsten Staaten und Chili, durch die Akademien von Wien, St. Petersburg und Brüssel, die Commission imp. archéologique in St. Petersburg, die Société imp. des naturalistes de Moscou, die Estnische Gesellschaft in Dorpat, die Universitäten von Krakau, Upsala, Leiden und Madrid, The royal society in London, die Bibliothek des britischen Museum, The british association for the advancement of science, Owen's college in Manchester, The Smithsonian Institution in Washington, The surgeon general's office of the United States army, The academy of natural sciences in Philadelphia, The New-South-Wales medical society in Sydney.

Das archäologische Institut hat auch in diesem Jahr einen werthvollen Geldbeitrag aus dem Ertrag der Vorlesungen akademischer Lehrer im Museum erhalten und zwar von 229 fl. 14 kr. Ausserdem sind demselben von Prof. Hausrath, was wir nachträglich erwähnen, eine Reihe kleiner Anticaglien aus Italien, von Prof. Pierson ein Gypsabguss eines Niobidenkopfes, von Antiquar Bamberger zwei römische Gefässe zugegangen. Herr Dr. jur. Max Maas aus Frankfurt hat demselben eine punische Weihinschrift auf Kalkstein, die er aus Carthago mitgebracht, verehrt.

Das zoologische Institut macht die Herrn Dr. Karl Mittermaier und Dr. Hillebrand namhaft, von denen es Geschenke an Thieren erhielt.

Das physiologische Institut verdankt Herrn Prof. Otto Becker einen Sphygmagraphen (nach Marey und Mach), Herrn Dr. Gabriel Lippmann in Paris einen Capillarelektrometer.

Endlich haben wir der Stiftung einer Fahne nebst Schärpen für die Studirenden der juristischen Fakultät Seitens einer Anzahl hiesiger Damen zu gedenken.

Allen Gebern dieser so mannigfaltigen Gaben drücken wir unsern verbindlichsten Dank aus.

Es erübrigt noch der letzte Akt der heutigen Feier, die Verkündung der Preise und die Aufstellung neuer Preisfragen. Auch dieses Jahr haben wir leider nur über die Beantwortung einer einzigen Preisfrage, und zwar der mathematisch-physikalischen zu berichten. Das Urtheil der Fakultät ist folgendes:

Die Arbeit mit dem Motto:

„Was gelten soll, muss wirken und muss dienen"

beantwortet die von der Fakultät gestellte Preisaufgabe nach allen Seiten hin in der befriedigendsten Weise. Es sind für alle möglichen Fälle des Problems die Reductionen auf Θ-Funktionen in eleganter Weise durchgeführt und zur numerischen Berechnung die Formeln so umgestaltet worden, dass die Integralmodule reell und kleiner als die Einheit und dass alle Hülfsargumente welche in den Θ-Funktionen entweder allein oder mit dem Faktor i behaftet vorkommen, durch elliptische Integrale bestimmt sind, deren Modul und Argument eben diese Eigenschaft besitzen. — Wenn auch besonders im Anfange der Arbeit bei Gelegenheit der Wahl der Anfangsconstanten des Problems die Auseinandersetzung nicht deutlich genug ist, so muss doch mit Rücksicht auf die weitere Durchführung der Arbeit auch die formelle Darstellung als hinreichend klar anerkannt werden. Die philosophische Fakultät stellt daher den Antrag, dass der eingegangenen Arbeit, welche eine genaue Kenntniss der elliptischen Transcendenten, Geschicklichkeit in der Anwendung derselben und vorzüglichen Fleiss nachweist, der Preis zuerkannt werde.

Nach Eröffnung des verschlossenen Zettels ergibt sich der Name:

Alfred Köpcke aus Hamburg.

Die Preisaufgaben für das neue Jahr 1874, über deren äussere Bedingungen der öffentliche Anschlag Kunde gibt, lauten:

I. Für die theologische Fakultät:

„Der Sinn von Luthers Thesen soll unter Berücksichtigung von Luthers eigenen gleichzeitigen und späteren Erläuterungen eingehend erörtert werden."

II. Für die juristische Fakultät:

„Rechtsgeschichtliche und grundsätzliche Darstellung und Beleuchtung der Waffenzufuhr und des Waffentransportes aus neutralen Landen nach dem Kriegsschauplatz."

III. Für die medicinische Fakultät:

„Untersuchung der chemischen Zusammensetzung des Plasmodiums (Protoplasma) von Aethalium oder anderer Myxomyceten." Die Untersuchung, welche für die vegetabilische wie für die animale Physiologie von Interesse ist, soll von reinem Materiale ausgehen: Sporen und Zellenzustände sind vom Protoplasma möglichst auszuschliessen. Bei der Bearbeitung sind zu berücksichtigen: der Wassergehalt, der Aschengehalt und die quantitative Zusammensetzung der Asche, der Stickstoffgehalt und die elementare Zusammensetzung des verbrennlichen Antheiles, die Eiweissstoffe sog. Nucleine und Lecithine, stickstofffreie organische Verbindungen, wie Fett, Zucker etc. Endlich ist zu beachten, ob dem Protoplasma fermentative Wirkungen zukommen. Auffindung mikro-chemischer Reaktionen ist erwünscht."

IV. Für die philosophische Fakultät:

1) „Bereich und Aufgabe obrigkeitlicher Preisbestimmungen bei principieller Haltung der Gewerbfreiheit."

2) „Die stalaktitischen Formen der Mineralien, ihrer Entstehung, ihrer innern Beschaffenheit und Struktur nach zu betrachten, die Art ihres Vorkommens und die Mineralien nachzuweisen, bei welchen diese Gestalten hauptsächlich angetroffen werden."

3) „Sermonem quotidianum Cicero in epistulis quomodo expresserit ita quaeratur, ut collectis illustratis, in ordinem denique justum redactis, quotquot ejus illic exstare videntur, exemplis ipsius stili, quo per epistulas Cicero usus est, gradus diversi atque colores definiantur et repertae accurata observatione normae ad constituendum emendandumquae verborum textum adhibeantur."

Commilitonen, die wissenschaftliche Wahrheit will immer von Neuem gesucht werden, jedes selbstzufriedene Gefühl sie zu besitzen, jede Sicherheit sie schwarz auf weiss nach Hause zu tragen ist ihr schliesslicher Tod. Nur in immer neuen Aufgaben und immer neuer Arbeit der Lösung liegt ihre wahre Förderung, ihr Gewinn für die Menschheit. Mögen Euch die eben vernommenen Fragen reizen und spornen zu dieser Arbeit, zur Beantwortung, möget Ihr nicht in gefährlichem Kleinmuth vergessen der alten Sprüche: Sapere aude! und Fortes fortuna juvat!

Wir schliessen diese dem Andenken des edlen Fürsten Karl Friedrich, des Wiederherstellers der Universität, des Stifters der Preise gewidmete Feier mit warmen Segenswünschen für diese Akademie, für diese Stadt, mit der sie seit nahe 500 Jahre Freud und Leid getheilt hat, für das ganze badische Land. Gott segne seinen erhabenen Fürsten, unseren Rector Magnificentissimus und sein erlauchtes Haus, das ganze deutsche Vaterland und seinen mächtigen Schirmherrn Kaiser Wilhelm!

Anmerkungen und Beilagen aus Creuzer's handschriftlichem Nachlasse.

1) Zu den in der vorjährigen Prorektoratsrede S. 35 angeführten literarischen Nachweisen über Karl Friedrich von Baden fügen wir das von Fr. Creuzer selbst herausgefundene treffliche, kaum gekannte Scholion des philologischen Forschers d'Ansse de Villoison, das aus persönlicher Erfahrung im Verkehr mit der Gemahlin Karl Friedrichs, der Markgräfin Luise von Baden hervorgegangen ist, aus den Anecdota Graeca. Paris 1781 p. IX f. hinzu: quod in historia literaria et fabulosa praestitit Eudocia, hoc in historia naturali et in Botanice confecit illa Eudociae imo et doctissimorum virorum, qui unquam exstiterunt, aemula atque eximium sui sexus et Germaniae decus et exemplum Sereniss. Ludovica Baden Dourlachi Marggravia, dignissima conjux summi illius principis, cujus aureum opus de oeconomia his concluditur verbis, quae in optimo ipsius animo insculpta et in omnibus ejusdem factis expressa omnium palatiorum portis inscribi deberent: „faire du bien c'est le recevoir." Vehementer autem optandum sit, ut Serenissimae Marggraviae modestia singularis, quae sola tantas illius virtutes atque ingenii animique dotes aequat quamque Venetiis, ubi illa delitescere voluit, mirari nobis licuit, premere et eruditis invidere nolit unicam illam et omnibus gazis pretiosiorem collectionem, quae omnes rerum naturalium varietates secundum Linnaei systema tanta manu dispositas digestasque repraesentat. Ueber Minister von Reizenstein (stirbt 1847) s. Creuzer's Erinnerungen aus dem Leben eines alten Professors, Beil. I S. 70—78. Aug. Böckh hat ihm im Jahr 1811(—1821) die grosse Pindar-Ausgabe dedicirt, als dem treuesten väterlichen Freund und wahren Gönner seiner Studien, mit dem er seit seiner Heidelberger Zeit in lebhaftem wissenschaftlichen Briefwechsel stand.

2) Hölderlin, Gedichte, Auswahl von G. Schwab, Stuttgart 1874. S. 100. Ueber andere poetische Schilderungen Heidelbergs aus jener Zeit siehe des Verfassers Aufsatz: »Das Heidelberger Schloss in seiner kunst - und culturgeschichtlichen Bedeutung« in Sybels historischer Zeitschrift. Jahrg. III. 1861 S. 96 f. 136. Zur Neubegründung der Universität vgl. W. Dittenberger, Universität Heidelberg im Jahr 1840. 1804. Heidelb. 1844. Mit dem Motto: concordia res parvae crescunt discordia magnae dilabuntur. Zum Vergleich mit den heutigen Zuständen erwähnen wir, dass 1804 das Dominikanerkloster in der Vorstadt für 14,000 fl. angekauft ward und in seinen kleinen

engen Räumen nebst Garten in sich aufnahm, den botanischen Garten, die Anatomie, die zoologische Sammlung, das chemische Laboratorium, das akademische Krankenhaus und das Entbindungshaus, ebenso dass die Bibliothek in einigen Parterrezimmern des Universitätsgebäudes untergebracht war.

3) Als Festgabe erschien von frühern Schülern ausser der erwähnten Schrift von Dittenberger eine solche von C. L. Kayser, de pinacotheca quadam Neapolitana, von Friedr. Kortüm, de societatis Atticae origine atquae institutis nebst unedirten Briefen von älteren Philologen, von L. Spengel, Specimen commentariorum in Aristotelis libri II c. 23 de arte Rhetorica, Heidelb. Reichard 1844, endlich von L. Häusser, die Anfänge der klassischen Studien in Heidelberg. Ebendas. 1844. Gesammtbericht über das Fest in der Augsb. Allgem. Zeitung 1844. Nr. 136—139 mit dem Festgedicht von Gustav Schwab. Von auswärtigen Freunden und Verehrern erschienen Festschriften von Theod. Bergk, von Fr. Jacobs und von F. X. Grieshaber

4) Ueber die Prägung der Gedenkmünze befinden sich in des Verf. Händen die vollständigen, durch den verstorbenen Geh. Rath Rau und Hofrath Zell sorgfältigst geführten Aktenstücke. Am Jubelfest selbst ward der Gedanke zuerst ausgesprochen, im Jahr 1848 nach vollendeter Sammlung von Beiträgen wurde Inschrift und Emblem festgestellt mit dem trefflichen und Creuzer nahe befreundeten Künstler, Münzrath Kachel in Karlsruhe. Die einfache, vollwiegende Inschrift zur Bildseite, Fridericus Creuzer philologus, gab Prof. L. Spengel an. Auf dem Revers ist eine Sphinx, Vase und Schriftrolle vereint. Die schliessliche Uebergabe an den Geehrten fand Statt den 9. Juli 1852.

5) Unmittelbar nach dem Tode erschienen von dem langjährigen Collegen und Freund Creuzers, dem Theologen F. W. C. Umbreit, Einige Worte am Begräbnisstage Friedrich Creuzers, den 18. Febr. 1858, in Theologische Studien u. Kritiken Bd. XXXI. 2. S. 599 ff., eine treffliche Charakteristik zunächst vom religiösen und theologischen Standpunkt aus. Auf deutschem Boden ist mir aus jenem Jahre und später kein einziger Creuzer betreffender Aufsatz bekannt, dagegen las Guigniaut, der Bearbeiter von Creuzers Symbolik, im Institut de France am 31. Juli 1863 eine ebenso warme, wie für einen Nichtdeutschen mit seltener Sachkenntniss verfasste Notice historique über das berühmte deutsche Mitglied des Institutes, das an Stelle F. A. Wolfs 1825 gewählt ward und selbst in F. G. Welcker einen würdigen Nachfolger erhielt (Sonderabdruck. Paris, F. Didot 1864).

6) Zur Unterlage dient vor allem Fr. Creuzers Selbstbiographie: Aus dem Leben eines alten Professors. Mit literarischen Beilagen und dem Porträt des Verfassers. Leipzig und Darmstadt 1848 nebst den Paralipomenen der Lebensskizze eines alten Professors, Gedanken und Berichte über Religion, Wissenschaft und Leben. Frankfurt 1858, sowie eine Fülle vereinzelter Aeusserungen in Creuzers Schriften, von denen wir den grössten

Theil gesammelt finden unter dem Titel: Fr. Creuzer's deutsche Schriften, neue und verbesserte von 1836—1858 in fünf grossen Abtheilungen, von denen die meisten selbst mehrere Bände enthalten. Eine kleine Auswahl der lateinischen Arbeiten sind vereint als Opuscula selecta, Lips. 1854. Von grossem Interesse sind die Vorreden der zwei ersten Ausgaben der Symbolik wie die Praefatio zur Ausgabe des Buches von Plotinus de pulchro, 1814. Es würde eine strenge und gedrängte Auswahl der oft in meisterhafter Form, aber immer mehr gelegentlich zwischen reichem gelehrten Apparat hingeworfene Gedanken Creuzers über das Ganze seiner Wissenschaft und besonders eine Auswahl der Art aus seinen früheren, frischesten Arbeiten einen werthvollen Beitrag zur Geistesgeschichte unseres Jahrhunderts und ein für die tiefere Erkenntniss des Alterthums reich strömende Quelle bilden. Von urkundlichem und handschriftlichem Material wurden von dem Verf. benutzt die Personalakten der Universität (Acta specialita; Professoren. Fr. Creuzer), der handschriftliche Nachlass Creuzer's auf der Karlsruher Hof- und Staatsbibliothek und eine grosse Anzahl von Briefen, die sich im Besitze der Familie selbst wie anderer Personen hier, vor allem der Familie Kayser, befinden. Leider haben sich bis jetzt die Zuhörerverzeichnisse Creuzer's noch nicht wiedergefunden.

7) Aus dem Leben eines alten Professors S. 14—26, Opuscula selecta p. 214 ff. Die erste direkte Beziehung von Creuzer zu Wyttenbach wird angeknüpft durch folgenden Brief von Bang an Wyttenbach aus Gossfeld vom 24. Juli 1796: scribere nunc ad Te ingrediens spatium triennii amplius memini, ex quo litteras vel abs te nullas acceperim vel nullas ipse ad te dederim. Nunc vero scribendi caussa exstitit satis gravis, Georgius enim Fridericus Creuzerus sororis filius de quo antea etiam ad te scribere memini, cum finito academico cursu operae aliquid reipublicae navare cuperet, spectavit potissimum illam libertatis bonarumque litterarum sedem, tuos Batavos praesertim, cum te omni laudis genere florentem recordaretur. Commendo igitur tibi adolescentem verissimo studiorum genere (?) incensum, nunc quidem ad impetrandum in vestra urbe paedagogi munus. Qua quidem ille in re, ut nunc est, felicitatis suae decrevit summam contineri. Es ergibt sich also daraus, dass Creuzer 1796 bei seiner ganz aussichtslosen Lage in Marburg sich stark mit dem Gedanken befasste ganz nach Holland zu gehen.

8) Verzeichniss einer werthvollen Autographen-Sammlung bestehend in vollständigen Briefen, Stammbuchblättern etc., welche sämmtlich an Herrn Geh. Rath Prof. Dr. Creuzer in Heidelberg gerichtet sind und für deren Aechtheit garantirt wird. Ulm, Wolfg. Neubronner 1856. S. 4. Hardenberg's Stammbuchblatt führt Creuzer selbst an (Aus dem Leben eines alten Professors S. 18): »$\mu\eta\delta\epsilon\nu$ $\check{\alpha}\gamma\alpha\nu$ (sic). Mit diesem meinem Resultat aller meiner bisherigen Philosophie empfiehlt sich Ihrer ferneren Freundschaft und Gewogenheit Friedrich Ludwig v. Hardenberg aus Sachsen. Jena den 16. Sept. 1791.«

9) Deutsche Schriften. Abth. III. Bd. 2. S. 591—655. Die Stelle befindet sich S. 594.

10) Aus dem Leben eines alten Professors S. 25; dazu vgl. jetzt H. Köchly, Gottfried Hermann, Heidelberg 1874. S. 192, wonach G. Hermann im Winter 1798—99 las: Aeschyli Agamemnon — Pindari Pythia et Nemea — Logik privatissime. Man lese dazu die trefflichen, nur zu bescheidenen Worte, welche Creuzer in Darmstadt auf der Philologenversammlung als Dank für die im Jahr 1844 von Dresden aus an ihn unter Gottfried Hermanns Präsidium erlassene Adresse erwidert hat und die Art, wie er seine erste Bekanntschaft mit G. Hermann in jenem Jahr 1798 auffasst.

11) Oratio de civitate Athenarum omnis humanitatis parente, qua literarum Graecarum cathedram in Academia Leidensi auspicaturus erat. Lugd. Batav. 1809. 8. Ed. II emend. Francof. a. M. 1826, Abdruck in Opuscula selecta p. 72—118. Sehr charakteristisch für Creuzer's Werthschätzung eines guten lateinischen Stiles ist die Stelle in der Vorrede zu Cicero de legibus, 1824. p. VII: equidem malle me fateor philologiam mutam quam balbutientem; unice tamen probare disertam facundam neque vero philologorum numero habendos esse nisi eos, qui cum graeca calleant, jure etiam Latii utantur. Creuzer hat Daub's Theologumena, wesentlich die lateinische Form gegeben. Erst die letzte von ihm mit seinem Schüler und treuen Genossen, Prälat Moser veröffentlichte Ausgabe einer Ciceronischen Schrift, der Oratio de Praetura Siciliensi. Götting. 1847 enthält deutsche Anmerkungen, was mit dem speciellen Zweck, für deutsche Geschichts- Alterthums- und Rechtsfreunde zu arbeiten begründet wird.

12) Historicorum graecorum antiquissimorum fragmenta collegit emend. explic. etc. Fr. Creuzer, Heidelb. 1806—8; Commentationes Herodoteae: Aegyptiaca et Hellenica P. I. 1818, mit Veröffentlichung von Scholien aus dem Codex Palatinus des Herodot. Aus der Aufforderung zur Fortsetzung desselben Seitens des Buchhändlers Hahn entwickelte sich dann der Plan einer grossen erklärenden Ausgabe des Herodot, welche Creuzer in seines Schülers, dann Collegen Bähr, Hände gelegt hat. Auf dem Titel der 1830, dann 1856 in so überaus reichhaltiger Umarbeitung erschienenen zweiten Ausgabe ist ausdrücklich Creuzers Betheiligung an hervorragender Stelle gedacht. Die Fragmente des Ephoros aus Kyme bearbeitete Creuzers Schüler M. Marx (Carlsruhe 1815); ein anderer, Frommel, die Epitome des Theopompos (Creuzeri Meletemata ex disciplina antiquitatis II. 1817. p. 135 ff.); ein dritter, Fr. Göller, die Fragmente des Philistos und Timaeos (Lips. 1818), dann den ganzen Thukydides (Lips. 1826. 1838); ein vierter, Geh. Rath Feder in Darmstadt, veröffentlichte die Excerpta e Polybio Diodoro Dionysio Halicarnassensi atque Nicolao Damasceno aus Madrider Handschriften in drei Bänden (1848—1855), an deren Erscheinen der achtzigjährige Mann den lebendigsten, ungeduldigen Antheil in einer Reihe von Briefen an seinen Schüler und treuen, unermüdlichen Herausgeber der gesammelten Schriften Julius Kayser nahm. Unter Creuzers Papieren in Karlsruhe befinden sich zwei lateinische Arbeiten Ludwig Häussers de

Dinone Historico mit Fragmentsammlung desselben. Wie sehr Pausanias Creuzer beschäftigt hat, geht schon aus der Vorrede von Siebelis Ausgabe des Pausanias (Vol. I. 1822. p. XXXII) glänzend hervor, in welcher dieser die handschriftlichen Mittheilungen dieses vir celeberrimus veraeque humanitatis studiosissimus dankbar pries. Ein Schüler Creuzers, W. Röther, hatte den Codex Palatinus p. 129 dazu verglichen. Auch Schubart und Walz, die kritischen Herausgeber und genausten Kenner des Pausanias sind ebenfalls durch Creuzer zu diesen Studien geleitet worden ebenso wie L. Kayser zu Philostratos. Schubart hatte zu seiner Erstlingsschrift: Quaestiones genealogicae historicae, Marb. 1832 von ihm sich ein Vorwort erbeten, das in den Opuscula selecta p. 119 abgedruckt ist. Creuzer spricht darin seine Freude aus quod (Schubartus) Pausaniae qui nuper a multis iniquius tractatus est auctoritatem dextre graviterque vindicare instituit.

13) Vgl. Aus dem Leben eines alten Professors S. 27 ff. Savigny hat bei seinem längeren Aufenthalt in Paris 1805 den ganzen dortigen handschriftlichen Apparat zu Cicero de natura deorum dem Freund verschafft, Savigny als Tullianae doctrinae cultor. ist dann die Ausgabe der Schrift 1818 dedicirt. Unter dem 29. November 1808 schreibt Creuzer in einem für die damaligen gelehrten Verhältnisse Deutschlands höchst wichtigen Brief an Wyttenbach: ei (Thibautio) Savignyum meum collegam addere decreverat Reizensteinius, qui lectitato ejus libro de possessione eidem plurimum tribuebat. Alium tamen exitum habuit ea res, quum subidem tempus se ille Academiae cura abdicasset, me quidem vehementer dolente, qui cogerer carere dulcissimo fructu sermonum doctissimorum, qui tue in illa Marburgensi vita haud vulgariter adjuvassent. Savignyus autem haud ita multo post in Bavariam evocatus jam Landeshuti juris civilis professionem (tradendi munus) nactus est. Ubi ille quidquid datur subsecivi temporis, id omne in eruendis juris civilis fontibus conscribendaque ejus historia, quam meditatur, inpendere solet. Ueber den Besuch Savigny's Anfangs August 1855 s. briefliche Mittheilung an Prälat Ullmann. Adresse an Savigny im Jahr 1830 s. Opuscula selecta p. 238.

14) Creuzer erfreute sich bei der Ausarbeitung seines Grundrisses der römischen Antiquitäten 1824 (2. Ausg. 1829) abgesehen von der Beihülfe Bährs besonders der Bemerkungen und Zusätze seiner früheren Schüler, der Professoren Dirksen in Berlin und Birnbaum, damals in Löwen, später Kanzler in Giessen Die Abhandlungen zur römischen Geschichte und Alterthumskunde mit Ausschluss des Archäologischen erschienen als Abtheilung IV der Deutschen Schriften 1836 gesammelt.

15) Ueber das akademische Studium des Alterthums 1807, neu abgedruckt als Beilage zu dem Leben eines alten Professors, S. 326. Der Plan der Uebungen im philologischen Seminar S. 293 ff. zerfielen in einem propädeutischen Unterricht zur Ausfüllung der Lücken in grammatischen Kenntnissen und für Uebungen im Lateinschreiben und Sprechen, dann dem eigentlich philologischen Uebungskurs wissenschaftlicher Kritik

und Exegese. unterstützt durch eine planmässige Reihe entsprechender Vorlesungen. Es sollen die Seminaristen, die das Ende ihrer akademischen Laufbahn erreicht haben, durch Rath und Leitung in der Wahl der Themas für eine wissenschaftliche Probeschrift unterstüzt werden. Diese älteren Seminaristen sind zugleich gehalten als Mitglieder des pädagogischen Lehr- und Uebungsinstitutes einzutreten, worüber der bekannte Pädagog Schwarz gleichzeitig 1807 einen Plan veröffentlicht hatte.

16) Aus dem Leben eines alten Professors S. 332.

17) Aus dem Leben eines alten Professors S. 57 ff. 97. In der Recension über Fr. Schlegels Studien des klassischen Alterthum aus dem Jahr 1825 spricht Creuzer aus: »was seit jener Zeit (in den letzten dreissig Jahren) die Kunstkritik an wissenschaftlichem Geiste, was die neuere Betrachtung des Alterthums an Tiefe und Grossartigkeit gewonnen, das gehört einem sehr grossen Theile nach den Brüdern Friedrich und A. Wilhelm Schlegel an.« Ueber Böckh's Verhältniss zu den Romantikern vgl. Stark über den Entwicklungsgang von Aug. Böckh in Verhandlungen der Versammlung deutscher Philologen und Schulmänner zu Würzburg 1867. S. 88 f. In dem Lied von eines deutschen Studenten Ankunft in Heidelberg und seinem Traum auf der Brücke in der Nacht vor dem 26. Juli 1806 von Clemens Brentano, anonym erschienen in der Kurfürstl. Wochenschrift für die badischen Lande N. 5. Beilage (Mohr und Zimmer) wird, nachdem Daub als Vertreter einer neuen der oberflächlichen Aufklärerei entgegentretenden Theologie unzweideutig gepriesen ist, fortgefahren:

»Was nur die grossen Heiden dachten,
Dass sie so gar nichts Schlechtes machten,
Das thut Philologia lehren,
Der Alten Spiegel recht sauber kehren.

Dass Mann und Jüngling und auch Kind
Die Heden sehen, die nicht mehr sind,
Passt gleich der Spiegel nicht in die Zeit,
Erquickt sich drein die Ewigkeit.

Historia naht sich auch herzu
Und was geschehen, was man noch thu,
Das spricht sie aus, das sieht sie ein,
Sie soll des Lebens Herold sein.

Und wenn mit Gott das Werk gedeiht,
So geht hervor eine neue Zeit,
Dann mag der Herold so wie ich
Laut preisen den Karl Friederich.«

Gustav Schwab in dem Glückwunsch zu Creuzer's Ehrentag (April 1844) preist:

»Die Regung in den Geistern
Die einst in diesem Thal
Ausging von jungen Meistern
Als neuer Stern und Strahl.

Entdeckungslust und Ahnung
Erprobte da die Kraft
Und unternahm die Bahnung
Erneuter Wissenschaft.

Vor einem weiten Meere
Lag dieses Thales Bucht
Und Fähre ward um Fähre
Gezimmert in der Schlucht.

Die kühnsten Schiffe sandte
Der Geist als Kreuzer aus,
Und ohne Beute wandte
Kein Segel sich nach Haus.

Die Alten ruhn, sie schlafen
Auf ihrem Lorbeerkranz,
Sie sind im andern Hafen
Sie, dieses Werftes Glanz.

Doch einer blieb dem Lande,
Ein Creuzer ist noch hier.
Er ankert fest am Strande
Mit stolzer Flagge Zier.

Tiefsinn in tausend Bildern
War seine Siegesfracht.
Es glänzt auf blankem Schilde
Das Zeichen seiner Jacht.

Symbolik strahlt's in Lettern
In goldnen von dem Schiff,

Es flog umrollt von Wettern
Vorbei an manchem Riff.

Es glänzt in lautrem Ruhme
Sein schimmerndes Verdeck
Und unsres Festes Blume
Versteckt nicht Einen Leck.

Noch funkl' es lang am Ufer
Ein Leuchthurm in der Nacht,
Ein Mahner und ein Rufer
Zum Kampf in edler Schlacht.

Denn wie viel Seglerschaaren
Hat dieser Golf entsandt,
Wie oft seit vierzig Jahren
Stiess Forschung hier vom Strand!

19) Ein reicher Schatz unmittelbarer Berichte über den gesellschaftlichen Verkehr dieser Kreise ist in der Reihe von Bänden eines Tagebuchs des Prof. K. Ph. Kayser, des treuesten Freundes von Creuzer und in dem Briefwechsel mit ihm und seiner Familie gegeben. Diesem galten die schönen Dedikationsworte Creuzers zur Ausgabe von Cicero de divinatione et fato, 1828: antiquae fidei amico suo ἀντίδωρον. Haec inscripseram antiquae fidei amico valenti gaudenti florenti domo ludo-nunc inscribo τῷ μακαρίτῃ. Nam eheu cum uxori liberis amicis literis urgente fato eripit maligna febris undecim lustra emensum ipso die natali XIV Kal. Decembr. 1827. Multis ille flebilis occidit, nulli flebilior quam mihi.

20) Caroline von Günderode (1780—1806) geb. in Karlsruhe, auferzogen in Hanau, im 18. Jahre Stiftsdame in Frankfurt, Freundin von Clemens und Bettina von Arnim sowie von Savigny, durch sie mit Daub und Creuzer in enge Verbindung gekommen, für deren Studien sie Beiträge lieferte. Ihre unter dem Namen von Tian erschienenen Gedichte sind gesammelt von Fr. Götz, Mannheim 1857, welcher das einzige getreue Bild veröffentlicht in den Geliebten Schatten, Mannheim 1858. S. 31 ff. Sehr charakteristisch für ihre in der Antike und dem Glauben an die beseelte Natur wurzelnde Weltansicht ist die Grabinschrift, die sie sich bestimmt als «Abschied des Einsiedlers.» Nachforschungen die wir durch befreundete Hand anstellen liessen, ergaben, dass der Briefwechsel zwischen ihr und Creuzer, welcher in den Händen ihrer nächsten Freundin, der Frau von Mething, geschiedenen Frau von Nees v. Esenbek sich lange befand, nach dem Tode derselben verbrannt worden ist.

21) Ueber Chr. Daniel Wyttenbach (1746—1820) und seine geistvolle Nichte, seit 1817 seine Frau Jeanne Gallien aus Hanau s. G. L. Mahne, Vita Danielis Wyttenbachii literarum humaniorum nuperrime in Academia Lugduno-Batava professoris. Mit Zusätzen herausgegeben von F. T. Friedemann in Vitae hominum eruditissimorum. Brunsw. 1825, die Beziehung zu Creuzer s. S. 164 f., 189. 198, ferner Creuzer, Aus dem Leben eines alten Professors. Beil. II. S. 79-89, desselben Opuscula p. 218 ff. und Plotini liber de pulchritudine ed. Creuzer Praef. p. VII. XXIX. Unter den Briefsammlungen von Wyttenbach sind auch Briefe an Creuzer enthalten in Dan. Wyttenbachii Epistolarum selectarum fasciculus secundus ed. Mahne, Gandavi 1829, ein Buch, welches mir leider in Heidelberg nicht zur Hand ist; ein Excerptum epistolae primae Wyttenbachii ad Creuzerum befindet sich Opusc. sel. p. 218; Briefe von W. an die Nichte im Marburger Ind. lectt. hib. 1838— 39. Wir geben in Folgendem einzelne der unseres Wissens ganz unbekannten Briefe Creuzer's an Wyttenbach und seine Nichte, oder einzelne Theile derselben, sowie einen Brief Wyttenbach's und Bruchstücke aus einigen der Briefe des letzteren im Anschluss zugleich an Note 7.

I. Creuzer an Dan. Wyttenbach 20. Juli 1808. »Viro maxime reverendo Danieli Wyttenbachio S. P. D. Fridericus Creuzerus.

Triennium est et eo amplius, ex quo subinde consilium coepi ad te scribendi. Sed conantem aliquoties deterruit pudor eaque quae tibi temporibusque tuis debetur reverentia. Quid enim aliud est in literarum commoda peccare quam peccare in tuum otium, quod tu totum illis augendis ornandisque impendere soles. Et nunc etiam me cohibuissem obstrepere subveritus majoribus tuis curis, nisi piaculo duxissem diutius retinere, quod ita mihi traditum erat, ut tibi mitterem. Etenim Johannes Henricus Vossius, civis meus, simulatque a me resciisset te latinarum Ruhnkenii epistolarum editionem parare, quam in suis scriniis servabat ex eo genere unam, eam per me tibi reddi voluit. Cui consilio equidem hoc acceptum refero, ut jam fidentius aliquanto ipse queam has meas literas ad te reddere. Novi enim pietatem tuam et quanti facere soleas quae ab illo tuo praeceptore profecta servantur.

Atque haec res in memoriam revocat Vitam illam, qua tu dignissimus tanto magistro discipulus illius res immortalitati commendasti. Quem librum quoties manibus tracto, quod facio saepissime, toties in mentem venit quale sit illud quod Ruhnkenio contigit: laudari a viro laudato.

Nec minus in mentem venit Bangii nostri, cujus tu extrema tempora illius operis dulcissimo fructu mirifice recreasti. Nam quum is hemiplexia fractus ita viribus concidisset, ut jam de nulla alia re quam de colligendis vasis cogitaret, perlatus ad me est tuus ille superquam aureus liber. Eum ego devorans potius quam legens uti incidi in eum locum ubi Bangii honorificentissima injecta mentio est, nihil mihi prius faciendum duxi, quam quo ejus rei quantocyus fieret certior. Jam quid ille? Nimirum insigniter dilaudare tuum officium qui in ejusmodi monimento suum nomen exstare voluisset tacitusque deinde ut in loquela haud parum impeditus, quae nihil plane efferre pateretur, animo, quem vultus significabat, praesentire videbatur illud Ciceronis sui seculorum augurium futurorum. Neque enim quoad bonis literis suus honos habebitur, ulla unquam aetas interire patietur illud opus, quo tu tam strenue iisdem patrocinatus es. Cave existimes me assentandi gratia ita scripsisse, a quo vitio natura mea prorsus abhorret. Eum autem haud ita multo post supremus vitae mortisque arbiter in digna ejus virtutibus statione locavit, postquam unius e filiis itemque e filiabus et ipsius deinceps uxoris funus viderat. E filiis autem natu maximus, qui patri in munere successerat, in alendis fratribus binis sororeque patris vices honestissime sustinet, ut hactenus singulorum, qui sibi ipsi nondum queant consulere, rationibus prospectum videatur.

Ego vero hoc in primariis vitae meae bonis numero, quod aliquantisper ejus viri disciplina uti licuerit, qui mihi honestiorum studiorum hortator impulsorque exstitit, ut ei jam tantum me debere profitear, quantum ab homine deberi homini plurimum potest. Atque cum ille optime nosset, quae vis exemplorum esset ad juvenum animos, ejus voce auctoritateque monitus in literarum principibus mature didici te suspicere. Neque enim ullius magis frequentabat exemplum quam domesticum quasi tuum, hominis sibi amicissimi, cujus modo scripta modo epistolarum excerpta subinde redditas sibi dici vix potest, quanto studio mihi proposuerit, quo haberem quod in colendis sectarer. Ad quae monita quum non torpere me sibi videretur vidisse, haud vulgariter amare coepit. Cujus amoris fructum, quem ego maximi faciebam, posthac me percepturum sperabam, praevertit opinato citius is quem dixi acerbus casus eumque haud ita multo post consecutus optimi viri obitus.

Jam si illud hominis, cui tu in plerisque rebus plurimum tribuisti, de me judicium hanc in te vim habeat, ut nunc quoque haud graveris consilia mea in tractandis literis nostris auctoritate tua dirigere, equidem optime mecum actum arbitrer. Quod ut siculi ex animo opto, fieri a te possit, age aperiam tibi omnem, quam adhuc tenui studiorum meorum rationem. Ego quo tempore Bangius noster sic satis vigebat, qui me quorundam magistrorum Marburgensium ineptias vitare, aliorum praeceptis recte uti docuerat, adscriptus civium academicorum numero in urbe patria philosophorum theologorumque lectionibus interesse coeperam, ita tamen ut privatam operam in legendo Homero, Xenophonte, Demosthene, Virgilio ac Cicerone ponerem. Quae res mihi ita profuit, ut deinde cum Jenam delatus, ubi tunc quidem fervebant philosophorum studia, non adhaerescerem ad omnia dumeta sed identidem redirem ad meos veteres audiremque sedulo Griesbachium (in) cujus aedibus etiam habitabam N. T. libros interpretantem et historiam Ecclesiae Christianae nec minus interessem Schützii lectionibus praecipue super historia literaria.

Redux Marburgum cum jam nihil fere mihi placeret praeter humanitatis studia adplicui me uni Tiedemanno, qui nunc philosophiae veteris recentiorisque vicissitudines narraret nunc e Platonicis dialogis unum itemque alterum explicaret. Quod reliquum erat temporis, id omne tribui reliquis poetis et praecipue legendis rerum scriptoribus graecis ab Herodoto usque ad Arrianum. Quam lectionem regebat Bangius qui me ad commentandi quoque industriam usumque impulit, ut sicubi aliquid ex(pro)cudissem, ipsius judicio subjicerem, cum rationem ad critices praecepta exigeret castigaretque orationem ad sermonis leges. Cumque sub idem tempus pueros aliquot in literarum initiis erudire coepissem, ipse Bangii auctore academicorum juvenum e cathedra docendorum periculum feci.

Quod cum satis successisse videretur, malui tamen redire ad subsellia quandoquidem spes ostendebatur Lipsiam adeundi (proficiscendi). Neque vero diutius ibi agere licuit quam per sex menses aestivos. Unde tamen eum fructum cepi, ut in notitiam venirem virorum literarum laude inlustrium, Beckii maxime Hermannique interessemque etiam hujus lectionibus, quibus Agamemnona Aeschyleum explicabat. Hieme redeunte Marburgi resumsi eam telam quam contexere fueram exorsus operamque dedi cum regendis imbuendisque pueris tum publice explicandis utriusque linguae scriptoribus optimis, quos nunquam pro eo atque oportebat tractaverat Michaelis Conradus Curtius jamque caussarius senex et deinceps decrepitus quoque prorsus omittere videbatur. Eo mortuo stationem nactus quam ille reliquerat, hactenus rationibus meis consultum videbam, quatenus haberem in quo publice elaborarem, neque tamen suppetebat, unde librorum apparatum sumerem, quando res meae per se tenues in academicis studiis penitus exhaustae erant.

Hac inopia laboranti contigit mihi pervenire in notitiam nobilisssimi juvenis Friderici Caroli Savignyi, qui jurisprudentiae operabatur, non contritae isti Bartolorum quae usui forensi nihil non tribuit, sed verae atque solidae, quae ad illam doctrinae veteris elegantiam exculta cum nostris literis arctissime continetur. Cujus hominis dubitari potest utrum literarum promovendarum studium librorumque emendorum cui rei suppetebat larga res familiaris, intentius haberi debeat an felicius ingenium ejusque in omnes partes versandi mirabilior facilitas. Hoc scio, in extrema illa Marburgensi vita nihil mihi optatius exstitisse ejus viri consuetudine praecipue ex quo hujus contubernio uti licuit. Quo factum est, ut quum ille ducta uxore longius iter esset ingressus, equidem et ipse de mutando loco cogitarem. Quae res exitum habuit, cum mihi Heidelbergensis cathedra offerretur eloquentiae.

Hanc academiam per biennium amplius rexit Reizensteinius Badensi Principi a consiliis, in quo omnia ea erant quae in academiae curatore summa et sunt et habentur, literarum usus haud vulgaris, agendi dexteritas et quae major esse non potest liberalitas cum egregia humanitate. Qui quidem ea instituit ut si non pristina illa decora ei universitati restituere posset certe meminisse videretur quid deberetur ei civitati, ubi quondam Donelli, Gruteri, Sylburgii, Spanheimii, Salmasii, horumque similes vel literas docuerint vel literarum causa egerint, multo plura facturus, cum hominum quorundam ut fit, malevolentia anno superiore loco cedere coactus est.

Ego vero ut illuc redeam, quod Marburgi coeperam, hac in schola lautiore aliquanto stipendio librorumque apparatu continuavi, vias commonstrare soleo iis, quibus in hac academia cordi sunt honestarum artium studia. Quam rem instituenti haud parum operae impendendum erat, multum item taedii devorandum, cum nemo fuisset, qui multis abhinc annis hic locorum civibus academicis scriptores classicos explicaret. Atvero, cum equidem in scholis meis nec utriusque sermonis initia omitterem posteaque salaria publice erogarentur iis qui destituti opibus literarum nostrarum praecipue studiosi essent, hactenus successit, ut nunc mecum duo professores antiquitatis eruditae disciplinam tradant, J. H. Vossius filius natu maximus itemque Boeckhius, qui nuper edita supra Platonis Minoe disputatione nomen suum rei literarum publicae commendavit.

Praeter hunc scholarem laborem obeunda sunt alia etiam munera ei qui eloquentiae professionem nactus sit, praesertim cum Germanicarum academiarum mos ita ferat, ut ab eo scribantur commentationes. E quibus tibi aliquot misi cum hac epistola quas conjunctas argumento desumto e rebus Bacchicis uno volumine edendas censui. Meditor tamen dudum operis aliquid et quod non tam publice mandatum quam suapte sponte prognatum et mihi ornamento et aliis usui videatur esse.

Ac cum ex universo scriptorum veterum numero prae ceteris me adverterent rerum scriptores et philosophi, ex quo Selecta historicorum graecorum a te edita tractaveram, coepi de colligendis illorum fragmentis cogitare. Ex eo genere libellum, qui antiquissimorum aliquot insigniora exhibet, simulatque prodierat, per bibliopolam tibi reddendum curavi, quae autem vernaculo sermone in hanc rem tractaveram, tuo adspectu indigniora censui.

Eum excipit proximo anno particula altera de Hecataei Geographia et Supplementa prioris continens. Majus reliquiarum corpus quando communia plurium eruditorum studia poscit, qui mihi suam operis societatem addixerant, in hoc Germaniae afflictae statu ampliandum est.

E philosophis Platonem Ciceronemque repetita lectione tractavi, quos etiam discipulis explicare soleo. Ille vero doctissimorum nostrae aetatis hominum studia commovit, in quibus Heusdius tuus est, cujus ego librum plenissimum optimae frugis in deliciis habeo. Itaque Ciceronem elegi instituique libros de natura deorum edere quippe quos nemo occupasset. Sed cum ejus doctrinae sicut eam ipse concepit, fontes sectarer rivosque inde deductos, utrimque praeter opinionem mora objecta est, cum illic me teneret **Heraclitus** cujus ego fragmenta multa quae a Stephano omissa vidissem uno impetu collegi, hic detinuit **Plotinus** praecipue cum nactus codicem Augustanum cognossem quot illi maculae librorum manuscriptorum et vero magis etiam Platonis Aristotelis aliorumque ab ipso expressorum auxilio abstergi possint. Coepi etiam cum **Aristotelis** editionem Sylburgianam mihi parassem, de hujus philosophi uno alterove scripto edendo cogitare.

In Ciceronis libro contigit uberior apparatus hominum mihi amicorum officio. Nam primum Savignyus meus cum Juris civilis caussa Parisiensem bibliothecam perlustraret, meis consiliis tantum tribuit ut tres codices Pariss. necdum collatos partem ipse excerperet partem a diligente itineris socio excerpendos curaret. Roma autem transmissa excerpta libri Ottoboniani, Norimberga item binorum codicum, quorum alter selecta tantummodo exhibet. Ipse denique diligenter enotavi libri Vitenbachiani membranacei ab homine Italo nitide conscripti lectiones. His praesidiis adhibendis quam ego rationem inierim, monstrabit hic ipse libellus de historia Bacchi fabulari conscriptus in quem locum me deduxit ipsius Ciceroniani scripti argumentum. Cujus speciminis cum haud pauca Heynio probaverim itemque Schweighaeusero, cui ego nuper conciliatus sum (cum per biduum Argentorati essem) gaudebo equidem, si eadem tibi licet ne affecta quidem nedum confecta, non prorsus displiceant.

Atque haec mihi tractanti ecce adfertur nuntius te de eodem Ciceronis libro a te edendo cogitare. Jam quaeso qualis tandem mihi ipse videar, si ego novitius in his literis tecum honestissimorum stipendiorum veterano eodem stadio decurrens deprehendar. Quocirca tu sic habeto. Quodsi in sententia perstas ut Ciceronianum librum edas (quod ego cum omnium literarum caussa tum ipsius Ciceronis, quam impense diligo, opto atque ut facias oro precorque), si eadem sentis, me quidquid illarum schedarum est, id omne tibi transmissurum, quo tuo arbitratu utaris. Sin alio vertisti animum, quaeso ex te ut ne dedigneris mihi adesse tua et auctoritate et opibus, quo ego, etiamsi ipse nihil insigne exedero, gratiam ineam a doctis hominibus, qui elicuerim primarii critici in primarium scriptorem emendationes observationesqne. Utut decernas, tua humanitas quae omnibus patet, in quibus aliqua haud alieni a Musis ingenii significatio est, haud quaquam committet ut ego qui amicissimi tibi hominis Bangii adjumento nunquam caruerim, jam tuo carere videar. Et vero, cum ille me ita erudiisset, ut tuam praestantiam suspicerem, posteaquam Plutarchum tuum illaque potissimum in eum Prolegomena tractare coeperam, nescio quomodo augustior etiam quaedam animo insedit tui species neque quisquam ex iis est qui hac aetate in his literis excellunt, cujus auctoritas mihi potior videatur. Noli credere me gratiae caussa tuis auribus largiri quidquam velle neque enim res ipsa patitur secus a quoquam harum rerum intelligente statui et ita me praedicantem audierunt te non audiente mei discipuli, quoties de Plutarcheis tuis curis injecta fuerit mentio aut quae tu alia plurima egregie administrasti. Quocirca proximo anno et mihi et meis discipulis et binis literis gratulatus ex animo sum tuam salutem simulatque rescissemus te ex funestissima clade quae pulvere pyrio urbem Vestram afflixerat, incolumem evasisse. Caeterum quia te meorum consiliorum omnium conscium feci et quo me natura mea ferat, ne quidquam rerum mearum te effugiat, de reliquis scito me jam annum agere tricesimum septimum anteque hos novem annos iniisse matrimonium ducta vidua Leskii Professoris Lipsiensis, qui Marburgum arcessitus immatura morte obierat. Hoc conjugium cum prole careat atque rei familiaris ratio ita ferat, ut uxoris diligentia sola ei regendae sufficere videatur, equidem nihil fere avocor a literis, nisi si quid interdum tribuendum sit valetudini.

Quocirca nihil obstat quominus aggrediar quod et mihi perpetuo ornamento sit et aliis usui, quo promereri de humanioribus literis videar posse, si tibi ita videatur tuaque velis peritia meam imperitiam regere et tuis copiis adjuvare meam inopiam. Quod in quocunquam ex illis scriptoribus sive graeco sive romano a te mihi impertitum fuerit, ego illud officium gratissimo animo per omnem vitam tuebor et quanquam tu is es, cujus ingenium et virtus neque meum neque cujuspiam omnino testimonium desideret, in eo tamen potissimum enitar, ut tu, cujus admiratione jam dudum adficior, pietatem meam non desiderare videaris.

Habes epistolam satis loquacem sed eandem uti spero non ingratam tibi si voluntatem spectas et recta studia. Quod reliquum est, ex animo apprecor fausta omnia, quo diu tueri literarum caussam possis. Heusdium tuum meo nomine salutabis itemque Lyndenium cujus ego liberalitati debeo disputationem de Panaetio, cum mihi fortunae malevolentia ejus viri notitiam sermonibus augendam invidisset. Vale. Heidelbergae IV Kalend. August MDCCCVIII.«

II. Creuzer an Dan. Wyttenbach 29. Nov. 1808. Wyttenbach hatte auf den vorgehenden Brief unterm 16. September ausführlich geantwortet und um Nachrichten über die literarischen Verhältnisse Deutschlands überhaupt gebeten, ein Brief, aus dem in Opuscula selecta p. 218f. ein Excerpt abgedruckt ist. Darauf antwortet Creuzer unter dem 29. November in einem sehr eingehenden Brief, worin zunächst genaue Lebensnachrichten über seinen Oheim und Erzieher Bang und einzelne Glieder der Creuzer'schen Familie, besonders über seinen Vetter und nächsten Freund Leonhard Creuzer, Professor der Theologie und Philosophie in Marburg gegeben werden. Er fährt dann fort:

»Quod Vossium miraris a me civem dici, scito accepisse illum ante hoc tri(bi)ennium vacuefactam Klopstockii morte pecuniam annuam (mille florenorum Rhenanorum), quam in hunc adhuc erogaverat Badensis Princeps jamque rursus idem erogari voluerat in aliquem e poetis qui quidem inter nostrates clarerent, ita tamen ut is in sua ditione domicilium poneret. Itaque huc arcessitus Vossius privatus operatur perpoliendis carminibus a se institutis et vernacule vertendis poetis veteribus, e quibus nuper prodierunt Graecorum Bucolici, superiore anno Hesiodus et Horatius. Cui rationi se ita applicat filius ejus natu maximus ut jam in vertendo Aeschylo elaboret. Ego quod vernaculis inpretationibus non tantum tribuo, propterea minus placeo Vossiis. Melius mihi convenit cum Boeckhio, Wolfii discipulo.

Sub idem tempus magnae professorum Germanicorum migrationes inciderunt consiliis plurium e principibus, quorum terrae (ditiones) unitae essent conversionibus publicis. Praeterea Russorum Imperator in recens a se institutas academias haud paucos avocavit, in his Buhlium Gottingensem, qui Moscoviae cathedram philosophiae nactus est et Morgensternius Gedani antea philologiae praeceptorem nunc Dorpati in Russia. Bavarorum vero rex arcessivit alios primo Wirceburgum deinde Monachium et Landeshutum, in his Schellingium a quo nunc quoque philosophicarum sectarum quas plurimas haec terra nuper protulit una nomen invenit, Mannertum, qui de Geographia Graecorum Romanorumque vernaculo sermone scripsit, Jacobsium Gothanum Anthologiae graecae editorem, Schlichtegrollium civem ejus. Mannertus Landeshuti historias docet. Jacobsius autem, Schlichtegrollius, Soemmeringius, Schellingius aliique Friderico Henrico Jacobio philosopho praeside Bavaricae Monacensis Academiae sodales facti sunt.

Illuc autem evocati convenerunt singularum disciplinarum magistri e diversis locis Jena quidem Thibautius jureconsultus quem tu Gottingensem professorem dicis, qui quidem nunc mihi collega jus civile magna cum studiosorum frequentia docet.« Folgt die bereits Note 13 abgedruckte Stelle über Savigny. »Hic autem praeter Thibautium jurisprudentiam docent Martinus Heisiusque Gottingenses, Klüberus Erlanga huc evocatus, Zachariae nuper professor Vitebergensis ut alios tacem. Theologiam profitetur Daubius cui additus Schwarzius alii. Physices professor Vilna huc venit Langsdorfius, Jena autem philosophiae magister Friesius Schellingii adversarius; Lipsia denique historiarum professor Wilkenius, qui nuper de sacris medii aevi expeditionibus commentatus est.

Borussorum autem res fractas resciisti fortasse quaenam doctorum hominum fortuna secuta sit. Hala quidem haud pauci abierunt nonnulli in Russiam usque, alii Berolinum, in his Fredericus Aug. Wollius, a quo tu fortasse ipse per literas edoctus es. Ejus cathedram accepit nuper Schützius sed jam senescens et caussarius. Schleiermacherus autem qui nuper scriptis de philosophia theologiaque libris et vernacule verso Platone inclaruit, cum Wolfio collega Berolinum concessit, ubi iidem privatim docent et instituta ut videtur, universitate literaria publice posthac docebunt. Muellerus contra Helveticarum rerum scriptor Berolino Cassellas abiit regis Westphalici consiliarius et academiarum curator.

Quod scribis de Hassiae fortuna, in eo me assentientem habes, praecipue cum spes ostendatur fore ut re pecuniaria restituta reliquae quoque res restituantur augeanturque. Gottinga nosti quas vicissitudines imminentes viderit, salva tamen adhuc et re integra bibliotheca museisque gaudens, quod secus accidit finitimis ipsis Cassellanis. E Gottingensibus professoribus pauci se avocari passi sunt ab illius bibliotheca reliquarumque rerum copiis. Vides me res in literata Germania novas leviter attigisse magis quam uberius explicasse. Quas qui persequi λεπτομερέστατα velit, volumen conscribendum sit non epistola. Tu sicubi quid praeterea quaesieris, faciam tibi satis.

Tuarum autem rerum damnum in illa Lugdunensi strage cum ex animo lugeam, tamen salva laetor quae tu in Plutarchum parasti. Cujus ego editionem tuam quoties lego quod saepissime facio, toties in summa multarum rerum et difficultate et copia tuorum commentariorum lucem et subsidia desidero. Itaque mihi gratulatus sum et meis literis non omissum a te et aliquando absolutum primarium illud opus. Nec minus aveo tractare in manibus Phaedonem Platonicum tua opera emendatum illustratumque. Phaedonis autem codicem cum scholiis gr. fol 110. Cizae Saxoniae esse nuper rescii ejus notitiam in publicum prodente Chr. Godofredo Müllero Cizensis scholae rectore in libello qui inscribitur: Notitia et Recensio Codd. Mss. gr. qui in Bibliotheca Episcopatus Numburgo-Cizensis asservantur, particula II, Lips. 1807 ex off. Breitkopfia Hertelia. Ejusmodi scholia habet etiam Cod. Monacensis referente Hardtio in Catalogo Codd. Mss. graec. Boicorum in libello germanice scripto, cui titulus: Aretin, Beiträge zur Geschichte und Literatur aus den Schätzen der K. B. Hof- und Nationalbibliothek 1804. Part. VI. p. 32. Quae si tibi jam antea innotuerunt, ignoscas meae ignorantiae; sin latent et inspicere cupis, eos libellos exiguo volumine quam primum ad te perferendos curabo per bibliopolam.

Eadem opportunitate utar in transmittendis excerptis alicujus ex Plotini libris, quae ex cod. Augustano ante hoc biennium conscripsi. Spero autem fore, ut integri alicujus Codicis lectiones tibi transmittere queam. Nam cum nuper bibliothecae quae Darmstadii est Principis Hassiae catalogum evolverem, incidi in codicem qui Porphyrii nomine insigniretur. Inspecto autem libro protinus cognovi inesse Plotini Enneades satis nitide conscriptas. Ejus igitur libri si excerpendi potestas data fuerit, lectiones tecum communicabo.

Quod vero in dispellendis Heracliti tenebris mihi tui ingenii doctrinaeque lumine opitulari instituis, habeo quod gaudeam et ex animo gratiam fateor. De hujus philosophi decretis commentatus nuper admodum est Schleiermacherus in Wolfii et Buttmanni Museo studiorum antiquit. lect. III, qui tamen publice me hac data occasione ad fragmentorum editionem invitavit, quod te suasore et adjutore fiet, ita tamen ut a nemine doctorum nimiae festinationis accuser, in quo omnino multi sunt e nostralibus, qui dictantibus bibliopolis editiones veterum scriptorum perfunctorie effundunt.

Ciceroniana autem illa ignosces quae a te parari significas, me morae etiam impotentiorem facere, qui optime sentiam, quoties ea aberantem restitutura sint in rectam viam et confirmatura labantem. Itaque humanitas tua non committet, ut hoc moderamine diu caream. Incitavit autem meum studium recens ostensa spes nanciscendarum lectionum codicis multo vetustioris iis quos adhuc tractare mihi licuit. Quocirca Ciceronem Heraclito etiam praemittere cupiam.

Dionysi vero alterum fasciculum per bibliopolam ad te perferendum curabo, quem libellum ut tanquam literarum tirocinium boni consulas rogo.

Savignyus te observantissime salutat, gratissimum sibi fore significans a te doceri, an volumen illud excerptorum e codice Florentino Theophili paraphras. Institut. Justin. quod in auctione Gronovii emerit Ruhnkenius, translatum sit in bibliothecam academiae vestrae publicam. A Ruhnkenio emtum se intellexisse e literis Tydemanni Professoris Franekerani. Miegius et Zollikoferus te officiosissime resalutant, quorum ille et ipse nunc privatus hac in urbe agit. Vixdum enim gravem morbum evaserat, cum se munere publico abdicaret. Heusdio tuo meo nomine salutem, quam item reddes Lyndenio Zullichioque tuis. Mihi autem ignosces quidquid verbosius iterum epistola quam doctius effuderim. Vale vir illustris et quod facis, studiis meis fave. Scripsi Heidelberga d. XXIX. Novembris a. MDCCCVIII.«

III. Aus dem Jahre 1812 liegen uns zwei Briefe Creuzers vor, einer datirt (angefangen 29. Juni) 3. Juli an Wyttenbach, ein zweiter an dessen Nichte Jeanne Gallien vom 29. Nov. Wir entnehmen jenem den humoristischen Eingang und eine weitere Stelle.

»Tandem aliquando emissus ex pistrino, in quod me dediderat filius bibliopola et respirandi saltem nactus spatium valeo scribere ad te fortunatum nunc cum maxime dulcissimo otio feriarum. Mihi a scholis quidem necdum quidquam vacui temporis, sed quae est rerum nostrarum ratio, in ipso medio cursu detineor nimirum exemplo solis, qui vixdum bene libram egressus etiamnum paene in medio stadio haeret. Scilicet illustri similitudine exhilaranda est haec miseria umbraticae servitutis! — Et vero haec servitus est ternis quotidie horis iisque continuis declamitare ex cathedra de rebus variis, in quibus nunc primum sunt antiquitates graecae, quas ex Lamberto Bosio explico, ita ut condenda etiam sint $\dot{\upsilon}\pi o\mu\nu\acute{\eta}\mu\alpha\tau\alpha$. In quo tamen hoc placet quod latine facere licet. Jam enim in aliquot lectionibus ad latini sermonis usum me recepi volentibus discipulis.« — Folgt Nachfrage nach der Ankunft eines besorgten Fasses Rheinwein. — »Nunc tamen iterum sciscitor et gestio elicere aliquid literarum ex te videlicet ut rusticante et si non conchas legente ut illi per litus Laurentinum sed tamen emancipato ex istis cancellis scholarum, qui me inclusum detinent.

In literis nunc cum maxime nostrates exercet illa contentio parum philosopha de philosophorum principe edendo. Nam posteaquam Boeckhius et Heindorfius polliciti erant editionem operum Platonis omnium, ecce F. A. Wolfius significavit publice se dudum haec eadem meditari neque hoc cuiquam obscurum esse potuisse, nuper autem se ejus operis socium sibi adscivisse Bekkerum Professorem Berolinensem, qui nunc Parisiis agat et codices excerpat, defuncturos se maximam partem brevi annotatione et facturos novam interpretationem (versionem dicunt) dialogorum omnium. Sic duplici editione Platonis nos beabunt Berolinenses, sunt tamen qui putent, neutrum ad umbilicum perductum iri. Wolfianae interea specimen nuper admodum prodiit. Sunt aliquot e minoribus dialogis Crito alii addita sola interpretatione latina. Jamque litigari audio de schedis Platonicis Bastii. Bredovius nunc Professor Vratislaviensis scripsit epistolas Parisienses spectantes maxime ad geographorum graecorum minorem editionem. Oratio non placet. Insunt tamen Bastiana nonnulla et Broenstedii Dani excerpta Scholiastarum Platonis ex codicibus eruta. Tu vero quid agas, nisi molestum est, fac ut sciam. Ego Plotini Ciceronisque comparavi codices excerptumque et increscente materia opperiam tuas lectissimas animadversiones, quas exhibebis in Philomathia. Interea volunt a me rursus edi aliqui [? aliqua]a[e?] fragmentis historiarum et commonefaciunt libri Herodotearum animadversionum qui exhibeat quae exponere voluerunt illi duumviri Batavi nec ipse Larcherius attigit. Nec displicet haec conditio, quando quidem continenter et lectito et discipulis explico Herodotum et e re mea sit aliquantisper me versari in historiis rebusque expositis ad communem intelligentiam. — .«

Der lateinische Brief Creuzers an Wyttenbachs Nichte beschäftigt sich eingehend mit der Nachricht von der Erblindung Wyttenbachs am Staar und mit der Einladung sich durch Jung Stilling, den berühmten, in Karlsruhe lebenden und Creuzer seit Marburg nahe befreundeten Augenarzt, der auch in Heidelberg Monate lang weilte, operiren zu lassen. Es folgt ein Erguss des Unmuthes über Prof. Tittmann und seine Angriffe auf Wyttenbach, in der Epistola ad Heynium vor Ruhnkenii Valckenarii et aliorum ad J. A. Ernesti Epistolas, Lips. 1812 p. XI ff., dann die Ankündigung, dass er seine Ausgabe eines Buches des Plotin Wyttenbach als Zeichen deutscher Anerkennung dediciren werde.

IV. Aus dem Jahre 1813 liegen reiche Zeugnisse des brieflichen Verkehres vor: ein in der zierlichen Handschrift der Nichte geschriebener Brief Wyttenbachs, vom 15. Januar, ein zweiter vom 30. September, dem Wyttenbach mit unsicherer Hand seinen Namen beigesetzt hat. Die beigegebenen Briefe der Nichte fehlen, dagegen sind an diese die Briefe von Creuzer gerichtet unter dem 1. Mai, 10. Oktober und 25. Nov. Wir theilen den ersten Brief Wyttenbachs mit, welcher für die damalige Lage Hollands und der Universität Leyden wie für das Verhältniss zu Creuzer sehr bezeichnend ist.

»Creuzero suo Wyttenbachius salutem. In his rebus adversis magno mihi solatio litterae tuae fuerunt: in quibus et amorem erga me tuum amantissime declarasti eumque publico documento te testificaturum promisisti. Quod ut citius diligentiusque effeceris, ita me certius recreaveris. Non enim dubito quin muneris tui praestantia semel exhibita animum meum persanatura sit, quum eum vel ostensa tantopere erexerit. Ego vero, optime Creuzere, et publice et privatim desidero bonorum prudentiumque amicorum sive operam sive consolationem. Modo syngraphae Batavae ad trientem redactae, Russicae labefactatae; sic senectutis subsidia praecepta, quibus fidebam, si quando munere carere cogerer. Nunc per istam novissimam Academiae nostrae ad Francicum modum ordinationem (organizationem vulgo vocant) Professoribus quadrans salarii et amplius detractus publicas lectiones gratis habere imperatum; unde privatae scholae vacuae relinquuntur et haec etiam anni vectigalis pars ademta. Attamen ut antea solebam, quater per hebdomadem lectiones privatas tres habeo: quarum una est in Ciceronem de natura Deorum: quem quum ante sex hos annos in scholis interpretarer, nonaginta erant auditores, nunc vix viginti sunt. Quanquam, abrogatis tribus aliis academiis, major Leidae numerus est studiosorum quam antea fuit; at plerique contenti publicis lectionibus privatas non requirunt. Sed totum istud τὸ πρὸς τἄλφιτα leve est prae detrimentis valetudinis in primis oculorum, quorum alterius usum jam amisi, alterius amissurus dicor et hebetari sentio. Interim uno utor ad scholas quidem habendas et si quid operis sine lectione et scriptione fieri potest; neutram enim temere factito, utpote visui inimicam. Haec fuit caussa, quod adhuc ad proximas tuas literas respondere distuleram: et ne nunc quidem scripsissem, nisi me alteris literis plenis mirifici tui erga me amoris expugnasses, immo excantasses. Quamquam constitueram neptis manu ad te scribere: at illa ad scribendum quidem impigra, tamen manu magis valet quam oculis, quippe quos et ipsa infirmos habet, ut raro nec quantum ipsa vult, scribendi legendive officium praestare mihi possit. Nunc vero a te excitata et suo nomine ad te literas dabit et mearum παραλειπόμενα explebit: et jam has meas a me sibi dictatas perscribit.

En meum statum ex Peripatetica trium bonorum descriptione. Animi bona, si quae fuerunt, adhuc manent: corpus affectum; externa, inprimis res familiaris afflicta. Huc quod accedunt obtrectatores, terrae filii, Horrearius (der Kritiker im Magasin Encyclopédique von Millin s. Mahne Vita Wyttenbachii p. 221f.) et Tittmannus, nihili facio. Neque tamen si me non movent, amicos meos non moveri meque ab istis nebulonibus temere proscindi sinere, par est. Hoc tu sane vides et recte judicas tuamque mihi operam promittis. Horrearius ex vetere auditore factus obtrectator impietatem dira conviciandi libidine cumulavit, fanda nefanda mihi objecit, dubium majorine mentiendi petulantia an Latinae orationis ignorantia et sordibus. Tittmannus, cujus nomen nunc primum audio, Horrearii vel exemplo vel adhortatione excitatus, est profecto indoctus stolidusque ac depugnare paratus nec legisse videtur locos meorum librorum ubi Ernestum mirificis laudibus extuli: idque libere et ex animi sententia, ego inquam, quo nunc neminem in tota Germania esse contendo, qui Ernestum magis admiretur magisque laudaverit. Sed nimirum dixi Ernestum non tanta quanta Valckenarium, Ruhnkeniumque Graecarum literarum scientia valuisse nec tam locupletem adversariorum copiam habuisse. Quasi vero Ernestus hanc laudum absentiam non compensaverit latinarum literarum aliarumque multarum rerum cognitione. Iste vero indoctus stolidusque irascitur, si quis non cum veris etiam falsas laudes in Ernestum congerat eumque plane stoicum sapientem faciat. Miror etiam talia ad Heynium scribere ausum esse et mei amantissimum nec tam effusum Ernesti laudatorem. Tu igitur et Tittmannum et Horrearium et alios item quos Belgice scribentes sycophantas nominare potes, probe ornabis et si quid hinc tempestatis tibi ostendatur, id in Philomathia nostri sodales cavebunt ac procurabunt. Heynius autem istam Tittmanni praefationem non legisse videtur: adeo nuper obiit. Ergo et hic nobis ereptus est cujus sano obitum et literarum et mei caussa acerbe lugeo. Te vero de ejus obitu in tuis literis tacere, quid caussae est, praesertim quod publicus rumor te quoque inter destinatos ei successores celebrat?

Modo audivi Larcherum eundem et eruditissimum et mei valde studiosum virum fato functum esse. Adeo ab omni parte orbamur et praesentibus et absentibus amicis. Modo Paradysium nobis mors ademit πολλῶν ἀντάξιον ἄλλων eodemque fere tempore in Helvetia patruelem Jo. Wyttenbachium unum in paucis probum et prudentem magistratum: sororem ingeniosam mulierem, uxorem Salchlii poetae: ejusdem generum καλὸν κἀγαθὸν ἄνδρα, omnes vel in his difficultatibus temporum consolantes et ad se in Helvetiam vocantes. Sed desinamus querelarum.

Quod putas me habere animadversiones in Plotinum quas in Philomathia ediderim aut edere constituerim, harum quid in Philomathia nec edidi nec edere constitui, tu quas partes Plotini edere velis, mihi significa: tum ego, si quid in iis annotatum habuero id scriptum ad te mittam. Contingunt enim mihi interdum ejusmodi quae dicuntur, lucida intervalla: quae una legere aliquid et scribere interdiu sinunt: quibus utor etiam ad Eunapianas observationes, quarum adhuc circiter dodrantem confeci. Haec hactenus. Caetera nepti narranda relinquo, tu vale et fac ut Plotiniana tua praefatio propediem edita ad me perveniat. Dictavi in Hypselodendro d. XV. Januarii MDCCCXIII.«

Der Brief Creuzers an Jeanne Gallien vom 1. Mai enthält den Dank für die Uebersendung der Excerpta codicis Vossiani aus der Vita Plotini und den Buche περὶ τοῦ καλοῦ mit Wyttenbachs Anmerkungen, von dem Creuzer durch Moser schon eine Vergleichung besass. In Bezug auf die Mittheilung der Ordensertheilung an Wyttenbach heisst es: »quod honoribus evectum scribis, ego non gratulor equestrem splendorem, quo haud aegre careat illustri loco dudum collocatus Veteranus, opportunitatem gratulor adeundi Caesaris et sui aliorumque adjuvandorum, qui illius opem exspectant. At vero mirum ni idem ille cooptetur a sodalibus Instituti Francici. Quae res Heynio tantopere profuit saepius intercedenti pro civibus suis et Academia.« Auch des wieder aufgegebenen Plans nach Paris mit Wilken zu gehen wird gedacht, sowie der Vermehrung seines Gehaltes um 300 Gulden.

Der Brief von Wyttenbach an Creuzer vom 30. September bezieht sich auf die von Creuzer an Donkermann ausgesprochene Bitte einige Stellen in des Ficinus Excerpta aus Proklos Commentar zu Platos Alkibiades verglichen zu erhalten; ferner auf die Frage, ob Creuzer aus den von Wyttenbach an Bang gerichteten Briefen Stellen, die auf Ernesti sich beziehen, veröffentlichen solle. Wyttenbach will dies nicht: »quod vereor ne quid tunc minus latine posuerim quod nunc mutatum vellem. Quare te etiam atque etiam rogo ut illarum mearum ad Bangium epistolarum autographa mihi remittas: libenter enim per mea scripta in pristini temporis memoriam revocor.«

Ein in diesem Brief ausgesprochener Wunsch eines Empfehlungsbriefes für einen jungen Gelehrten de Haan nach Sachsen und Thüringen veranlasst die rasche, an die Nichte gerichtete Epistel vom 10. Oktober. Darin heisst es: »tibi autem hodie soli scribendum duxi sperans leniorem te fore in latinis si quid exciderit minus recte pronuntiatum. Qualia parum cavere solet istius modi festinatio quam et res ipsa postulat et vero meum amicis Vestris inserviendi studium. Avunculo tuo scribam alio tempore meditatius et uti spero magis latine, Gallice vero tibi nunquam ne in otio quidem nedum in negotio, si quidem, ut orationis tuae elegantiam cultumque unice admiror, ita in Gallicis judicii severitatem tui vehementer extimesco. Quod avunculus similem ob caussam premi vult suas ad Bangium epistolas, quid ego faciam qui in illo praesertim negotio Leidensi quasi stans pede in uno plurimas effuderim ad ipsum datas intelligentissimum harum rerum judicem arbitrumque? Quas equidem gaudebo si Vulcano confecratas resciero. Igitur amabo te, hoc mihi officium praesta et flammis trade quidquid incuria fuderit.« Von Wyttenbachs Briefen an Bang hat er nur Excerpte, über die etwa noch erhaltenen Briefe selbst werde er dem Sohne schreiben. In Bezug auf den Empfehlungsbrief erwähnt er, dass Wilken vor allem Adressen geben werde. »Quod Jenam nihil adscripsi, facit obitus Griesbachii Schmidiique et discessus aliorum quibuscum epistolarum officio nuper junctus eram. Die Vergleichung der Excerpte des Proklos zu Plato wünscht er gegen Honorar möglichst bald zu erhalten. Qui enim probe sciam quid Platonicis philosophis debeatur quique jam ducentos florenos amplius insumserim in Plotiniana sola excerpta, quidni item Proclo nummorum aliquid erogem? — Nolite tamen me Croesum existimare. Ego hactenus equidem Ruhnkenio, cujus vitam recens lectitavi per feriarum otium, et igitur me similem fore arbitror, quod constitutus re minime lauta tamen nonnihil insumo apparatui literario. Interea fortuna quoque facit, veluti nuper quod ex discipulis meis haud indoctum juvenem deferret Venetias, qui Plotinianos codices a praestantissimo Morellio sibi traditos mihi excerpsit gratuito.«

Er stellt Wyttenbach die Vergleichung eines Codex in Aussicht mit Plutarchschriften und den Commentarii des Antoninus. Gelegentlich der Erwähnung eines Stiefsohnes mit vier netten Töchtern fährt er fort: »ego vero multo etiam plures habeo — noli mirari — sex novenas sed adoptivas omnes. Nomina quaeris? Longum est enumerare singula omnia: communi nomine dicuntur Enneades. Quarum unam nunc cum maxime como et gestio exornare, quo honesto matrimonio locetur, utens consilio elegantissimae virginis et pronubae, nimirum tuo. Itaque si me audit, ne dubites gratissimam fore. — Satis nugarum! Vides quomodo lenire studeamus recrudescentis et in dies magis ingruentis belli funestissima incommoda, quae a Vestris Laribus averruncet Deus O. M. Itamque valete plurimum salutati a nobis amicisque caeteris.«

Der weitere Brief Creuzers an Jeanne Gallien vom 25. November ist die Antwort eines von ihr am 23. dieses Monates erhaltenen. Ausser lebhaftem Dank für die Excerpta des Proklos und den in Aussicht gestellten Codex des Jamblichos theilt Creuzer den Fund eines Codex in Bergamo für Isokrates mit, der eine unedirte Rede enthalte und von Orelli herausgegeben werde (Opuscula Graecorum sententiosa et moralia ed. Orelli II. 1821: Isocratis quae fertur admonitio ad Demonicum.) Eine Empfehlung von de Haan nach Trier an den dortigen Bibliothekar Wyttenbach, einen Bekannten aus Marburg, wird zugesagt.

V. Das Jahr 1814 wird eröffnet mit einem Brief an Jeanne Gallien vom 8. Februar, der für die im Wyttenbach'schen Hause von jeher herrschende Stimmung gegen Napoleon und für die durch diesen in Holland begründeten Verhältnisse ein interessantes Denkmal ist.

»Nous respirons, dieu soit loué depuis le 18 de Novembre. Voici Monsieur, ce que je me hâte de vous dire par la première occasion qui se présente, bien persuadée de toute la joie que vous sentez vous même à cette nouvelle. Puisse le tyran et la tyrannie être exterminé dans peu! Sous son sceptre de fer tout périssait ici, c'est à dire toutes les bonnes institutions; quant à nos fortunes, nous allions à grands pas vers la mendicité et quant à nos études nous eussions vu dans peu renaître les temps des moines. Je ne puis vous dire quel tort le règne quoique court de cet esprit despotique a fait à notre Académie. Notre bon Professeur en a souvent été indigné. Jugez Monsieur que ce n'était que par la grace que la langue latine a encore été tolérée. Je ne puis m'empêcher de vous donner un échantillon de la manière dont notre Académie a été traitée sous ce vainqueur et exterminateur. On nous a envoyé un Professeur de Paris pour la littérature françoise; passe; mais quel sujet? N'eut-il pas fallu chercher un homme de connoissances d'un Pougens, d'un Boissonade etc.? Pas du tout, on nous envoye un souffleur de Theâtre, qui s'avise de vouloir nous donner un précis de la littérature ancienne. Homère, dit-il, a fait deux ouvrages l'Iliade et l'Odyssée et Anacréon a fait un livre en cent pages. Cela est vrai mot à mot, car il l'a repété mille fois. Pour sa littérature françoise, ce qu'il avoit le mieux, c'étoit l'histoire des actrices du theâtre françois. Tout le monde aureste étoit persuadé que le grand-Maître, Monsieur de Fontanes avoit fait moins ce choix que le Direteur de la haute police, car on le disait émané de ce goufre infernal.

Avez-vous reçu ma lettre du 10 de Novembre? Je vous y avois remercié de vos lettres de recommandations pour le jeune de Haan et supplié en même temps de vous interesser particulièrement encore pour lui auprès de vos amis à Trèves, où il était tombé dangereusement malade. Hélas, ma lettre a été partie deux jours que le jeune homme mouru victime de la brutalité d'un sergeant Bonapartien (je n'ose dire françois, ce malheureux peuple ne doit point partager le blâme et l'opprobre qui ne peut tomber que sur le monstre et ses satellites.) Enfin le jeune homme est mort an grand regret de ses parents et de ses maîtres dont il foiscit les délices.« Folgen Mittheilungen über das Erscheinen der Epistolae sodalium Socraticorum Philomathiae cum praefatione et appendicibus G. L. Mahne, Zierikzee 1813, sowie eines neuen Heftes der Philomathie. »Il y a environ 8 Jours que le Pr. a reçu une lettre de Mr. Morelli, elle est du Juillet de l'an 1813. Il parle de vous Monsieur d'une manière qui a plu à votre ami Wyttenbach qui sait vous apprécier et qui est charmé que d'autres savans en fassent autant. Il (votre ami W.) vous admire non seulement pour votre érudition, mais il vous aime pour vos qualités morales: vous êtes dit-il, une candida anima. Accordez moi une place, un petit coin dans cette belle âme; j'en serai toute glorieuse. J'embrasse Madame votre Epouse et l'assure de mille tendresses. Vous connoissez nos relations à Heidelberg, dites leur, s'il vous plait, bien des choses officieuses de notre part. Adieu, vous êtes sous la protection particulière des Muses; il faut que vous soyez necessairement heureux. Jeannette Gallien.

Je ne veux pas vous envoyer du papier blanc; je cause trop volontiers avec vous Monsieur. N'affranchissez plus vos lettres c'est risquer de ne point les faire arriver. D'ailleurs vos lettres nous valent bien le port. Envoyez nous en souvent. Vous me dites de choses bien obligeantes de mon stile françois. Si j'entendois le latin (car je ne sais que le deviner) je pourrois vous en dire autant et avec bien plus de fondement; mais je puis vous rapporter le jugement de mon oncle, qui trouvequ'à la pureté vous joignez de plus en plus la douceur. Montaigne diroit la suavité et je veux le dire d'après lui, à la pureté donc vous joignez de plus en plus la suavité. Je ne vous rapporte point ceci pour vous payer de vos belles choses, mais je ne vois non plus de raison de vous cacher le jugement d'un homme, dont les suffrages ne peuvent point vous être indifférents. — Mes yeux sont foibles, ma santé mauvaise. Je ne puis rien faire aux études, mais j'en conserve le goût. Depuis le 18 de Nov. je lis regulièrement les gazettes, que je ne regardois plus depuis bien des années. C'est un plaisir surtout à les lires au Professeur. Ses connoissances statistiques ajoutent un intérêt infini à cette lecture.«

Creuzer antwortet unter dem 7. Febr. und gibt darin unter anderem die Lebensdata von Heyne und von seinem Studiengenossen, ja Jenenser Hausgenossen im Griesbach'schen Hause, F. J. Bast (geb. in Buchsweiler 1771, lange Darmstädtischer Geschäftsträger in Paris, Mitglied des Institut de France, stirbt 13. Nov. 1811). In Bezug auf Heynes Nachfolger schreibt er: »Quod taceri a me miramini Heynianam mortem nolui vulgata narrare; quod ad vos etiam perlatus rumor est, me in successoribus nominari, et ipse magis etiam miror. Hoc certo scio me nunquam successurum Heynio. Ille tamen nescio quomodo et antea hoc optaverit et vero maxime extremo epistola longissima Junio mense ad me data paucis hebdomadibus ante obitum. Postea aliae epistolae Gottingenses idem tulerant me vocatum iri. Neque vero vocatus sum a Curatoribus nec si recte judico, vocabor nec si vocer, sequar. Longum est hujus rei explicare caussas. Caeterum Gottingam arcessi non jam in laudibus haberi debet ex quo ejusmodi homines illuc vocati publice abeunt, qualis est Bauerus quidam Marburgensis, si diis placit, jurisconsultus. Haec vobis, quae, non vereor ne in arrogantiae suspicionem veniant. Haec ista premo nec est cur efferam.«

Voll heiterer Laune und charakteristisch für seine ganze Natur ist der nächste Brief Creuzers an Jeanne Gallien, deren dazwischen liegende Mittheilung fehlt.

»Janae Gallien virgini ornatissimae S. D. Fr. C. Neque te unâ quidquem officii plenius neque mihi quidquam exploratius habeo quam omnem plane praecisam mihi spem esse tecum unquam paria faciendi: ita me obstrictum devinctumque tenet effusissima illa in me meaque studia animi tui propensio. Neque igitur istic quidem emergam, quando apud avunculum quoque tuum adeo in acre sum, ut mihi tantum non decoxisse videar. Literis autem tuis nihil festicius omnique suavitate conditius fieri potest. Quod nunc magis etiam arbitror odorari. Nimirum Staaliae [illius novissimum opus (De l'Allemagne) ita nuper ferebatur omnium plausibus ut et ipse (ne plane rusticus viderer nostratibus) horulas aliquot subsecivas ei lectitando impenderim. Placuit ut plurimum, ita tamen tuae epistolae perplacent et vero praenitent mihi cum aliis virtutibus tum vero maxime nativo illo et amabili prorsus decore, qui nihil fucati habeat nil quaesiti nil quod lucernam redoleat. Quid quaeris? in tuis epistolis convenit illud quod in Alciphroneis legitur: τὰς Χάριτας ἐναπομάττεσθαι χεῖρας. Itaque sic tu habeto eâdem cura servari illas, mihi qua tu Plutarchum aut ut quisquam optimus liber est servare assoles; aliae autem virgines tui dissimiles mundum servant potius muliebrem.

Neque in germanicis scriplitandis tibi quidquam ad germanam vernaculi sermonis elegantiam deest ut Lessingianas etiam lectitasse videaris. Quas et ego lectitavi juvenis: nunc virum me unice retinent epistolae veterum aut eorum qui veterum indole epistolas faciunt, Mureti Rubnkenii Wyttenbachii. Hoc magis te admonitam volo ne perire nobis sinas Ruhnkenianas sed urgeas illum Vostrum, ut edat una cum suis ad ipsum scriptis. Nunc tamen magis aveo heluari in commentario Plutarcheo, cujus tu partem prodiisse significas. Itaque vellicabo praefectum bibliothecae academicae, quae reliqua volumina dudum habet. Ipse autem ille quod ἀργίᾳ et ἀφορίᾳ se laborare conqueritur hoc ci tute meo nomine reponito: »Itane? — Ergo ejusmodi ager ἀργός judicatur. qui ejusmodi fructus tulerit? Ergo haec ἀφορία est, cujus proventus annuos cupidi expetimus et recens Phaedonem et Philomathiam? — Quocirca ἀθυμίαν istis relinquito, qui in omni vitâ nil egerunt nisi εἰς Ἀδώνιδος κήπους σπείρειν aut ἐν ὕδατι γράφειν. Et si forte senectutem accuset, tu item oppone illud Μοῦσαι γὰρ ὅσους ἴδον ὄμμασι παῖδας, reliqua nosti. Ceterum hoc tibi in aurem et ita ut avunculum celes.

Dudum cogitaveram expedire senis valetudini Bacchum Musis permiscere (tenes Plutarcheum: ταῖς Μούσαις τὸν Διόνυσον κεράσαι). Itaque dudum meditabar lagenas vini Consule vetusto conditi ei transmittere. Adhuc intercluso Rheno fieri non poterat: nunc quum spes ostendatur, fore ut recludatur, nil reliqui faciam, quominus exequar quod est propositum et exoraho Patrem Liberum ut a curis liberet venerandum caput. Mihi quidem laborum minuit molestiam. Narrabo enim quomodo in notitiam ejus vini pervenerim. Leskium filium, qui non minus oenopola est quam bibliopola ut haud pauci in his terris, igitur cum noveram vinum habere generosissimum. Jam ille a me flagitaverat librum vernaculum dudum promissum sibi inchoatumque. Ego vinum poscere idque optimum; nam quo efficacior esset, ajebam vini vis, hoc meliorem librum fore. Itaque misit nectareum plane. Scriptum, si quaeris, non illud quidem decolavit: sed tamen credi vappam abiit: vinum in dies nobilitatur magis jamque dignissimum est, quo viri primarii vires reficiantur. Itaque mittam: est enim copia. Tu ministrabis ut altera Hebe. Cave me putes vinosum. — Sed tamen, quando proverbium jubet fateri — nosti aliud: ἐν οἴνῳ ἀλήθεια — non diffitebor. Videlicet quod tibi recuperata libertate ver magis ridere scribis: ego magis delector sopore vini ardentiusque veneror Liberum qui idem deus veteribus libertatis index videbatur. Namque hoc pacto antiquum me esse scito, non eo quo tu me praedicas. Etenim literae tuae si quam lepide ac polite loquuntur tam etiam vera de me praedicarent: magna caussa esset cur ego vehementer mihi gauderem. Nunc — quando me ipse excutio ac mea omnia — nolo plura, neque enim juvat haec memorasse.

Quod autem quaeris: libertatis amorem ita in me esse scito ut in ejus amantissimo et studiosissimo. Et est cur nos potissimum qui in literis operamur recuperatam gratulemur. Itaque nuper admodum ex feriis vernis quasi auspicandi caussa ita praefatus sum publicis lectionibus ut gratias agerem D. O. M. quod exstirpata dominatione literarum saluti consultum voluisset. Haerebat autem in hac ipsa academia suspicio culpae, videlicet quod nunquam adulati eramus tyranno ejusve satellitibus. Plotiniana ista lucubratio sic profligata est, ut mox videatur posse confici et si tanti est, legi a nostro mense minimum Augusto per otium feriarum. Habebit ea quae adjicietur epistola tui quoque mentionem. Noli vetare. Quodsi enim hoc certe verum scripsisti: esse me nec imprudentemet modestum (discrêt): modeste nec prorsus imprudenter faciam et poscit animus publicam certe adumbrationem gratiarum actionis. Adjicietur item fasciculus variarum lectionum. Quibus si ex Jamblicho addere quid possem, esset utique cur laetarer. Uno verbo Jamblichus me angit et exanimat; Jamblichus me non sinit quiescere. Et vereor ne commissus librario aut alii cuipiam qui vulgo talia curare solet Vobis mihique ipsisque literis istis pereat illud κειμήλιον. Jam vehiculo publico multo minus discriminis est. Quare tute videbis. Est enim cordi. Donckermanno a nobis Miegioque salutem. Alio die ipsi scribam. Valete plurimum salutati ab uxore a meque ipso. Heidelb. scrib. d. 11. Maji MDCCCXIV.

VI. Im Jahr 1816 verweilte Wyttenbach mit seiner Nichte kurze Zeit in Heidelberg, kehrte aber krank nach Leyden wieder um, vgl. Mahne, Wyttenbachii vita p. 198, Epistol. select. II. p. 90—92; Aus dem Leben eines alten Professors S. 85.

Aus dem Jahr 1818 liegt uns noch ein ausführlicher Brief von Wyttenbachs Nichte und nunmehriger Frau vor vom 9. April, in welchem sie entsprechend dem in ihrem damals veröffentlichten griechischen Roman: »Gastmahl der Leontis« gewählten Namen Creuzer als Charmides, dessen Frau als Klea, sich als Kleobuline. Wyttenbach als Kritobulos, die für eine Holländerin, wie sie sagt, elegante Gemahlin van Kampens als Leontis bezeichnet. Ueber die Vertheilnng von Exemplaren der Schrift, über Anzeigen in deutschen Journalen, über eine durch Mosers Vermittelung von Prälat Schmid unternommene deutsche Uebersetzung spricht sie sich zierlich und witzig aus. Creuzer hatte über Wyttenbachs Befinden Hufeland befragt, dessen Rath nach Pyrmont zu gehen, von den Leydener Aerzten nicht angenommen ward. Ueber den augenblicklichen Zustand der Leydener Hochschule spricht sie nicht günstig sich aus:

»Plut à dieu que notre sejour fut la Bēotie! Si vous vissiez la decadence dans la litterature à notre académie, vous m'eussiez conseillé de placer Theagène dans la Scythie. Nos jeunes Professeurs n'étudient que ce qu'il faut pour leurs collèges; le reste du temps est pour des Banquets qui ne sont pas toujours académiques ou pour d'autres plaisirs désavoués des Muses. Tous ces jeunes gens qui nous donnèrent quelque esperance, restent à leur première specimen.«

Zu den schönen Zeugnissen dieses edeln, geistigen Verhältnisses Creuzers zu dieser zuletzt grosse körperliche Qualen mit klassischer Heiterkeit und Seelengrösse bis zu ihrem Ende tragenden Frau fügen wir die in Creuzers Selbstbiographie S. 88 als nicht mehr abgesandt erwähnte letzte Antwort hinzu. Ihre letzte Zeile vom 13. April war: »lang lässt das Schiff von Delos auf sich warten.« Seine in rascher, aber deutlicher Schrift geschriebenen Worte vom 23. April lauten: »Freundin! In Gedanken sind wir oft bei Ihnen. Möchten wir doch einige Stunden wirklich bei Ihnen sein können! Dass Ihre schöne und starke Seele jedoch keines Zuspruchs, keines Trostes bedarf, ersehen wir mit Beruhigung aus Ihren lieben Zeilen und aus denen Ihres Freundes (Peerlkamp).

Zögert das Schiff —; ist doch der Hafen nicht fern.
Sie wissen ja
$$\pi\acute{a}\nu\tau\omega\nu\ \dot{o}\ \lambda\iota\mu\grave{\eta}\nu\ \tau\tilde{\omega}\nu\ \mu\varepsilon\varrho\acute{o}\pi\omega\nu\ \dot{o}\ \vartheta\acute{a}\nu\alpha\tau\acute{o}\varsigma\ \grave{\varepsilon}\sigma\tau\iota.$$
Sie wissen auch
$$\nu o\sigma o\tilde{\upsilon}\sigma\iota\nu\ o\acute{\iota}\ \beta\lambda\acute{\varepsilon}\pi o\nu\tau\varepsilon\varsigma,\ o\acute{\iota}\ \delta'\ \dot{o}\lambda\omega\lambda\acute{o}\tau\varepsilon\varsigma,$$
$$o\dot{\upsilon}\delta\grave{\varepsilon}\nu\ \nu o\sigma o\tilde{\upsilon}\sigma\iota\nu\ o\dot{\upsilon}\delta\grave{\varepsilon}\ \varkappa\acute{\varepsilon}\varkappa\tau\eta\nu\tau\alpha\iota\ \varkappa\alpha\varkappa\acute{o}\nu\ -$$
Also werden Sie genesen. Hygiea, der Pythagoreer Wunsch und Trost, winkt Ihnen freundlich; und Hypnos wird Sie sanft in des Thanatos Arme legen.

Sie haben von Ihrem Wyttenbach gelernt und erproben es jetzt: bonam vitae clausulam ponere — und können zuversichtlich hoffen mit dem Edlen wieder vereinigt zu werden. Im Leben und im Tode Ihr Friedrich Creuzer.«

22) Epistola ad Dan. Wyttenbach vor Plotini liber de pulchritudine ed. Fr. Creuzer 1814. p. XVII: »Tibi placebat vita Batavorum i. e. ingenuorum istic hominum: mihi item scis et antea placuisse et nunc cum maxime placere hanc quam agimus Heidelbergae. Habet enim nihil adstricti nil ambitiosi nihil ab istiusmodi ductum hominibus, qui sibi non placent nisi ubi delicias faciunt et magnificas nugas aucupantur. Neque qui hic versantur viri honorati sibi aliisque molestiam exhibent vel fastu vel multo et comitatu et famulitio. Quid quaeris? Nunquam desideramus liberiora spatia Academiae sive negotia nos jungunt collegas sive inter discipulos versamur sive rusticamur per feriarum otium et in solutiore literariarum rerum tractatione acquiescimus.«

23) Fälschlich wird Creuzer der erste officielle Bericht über die von Paris zunächst zurückgekommenen 38 codices Palatini zugeschrieben, der als Prorektoratsrede vom 22. Nov. 1815 gegeben und im Januar 1816 im Druck veröffentlicht ward; dieser, wie Creuzer selbst gelegentlich erwähnt, ist von Wilken als Prorektor abgefasst. Aber Creuzer hatte fort und fort auf die Gewinnung der Schätze hingewiesen, wie Wilken öffentlich anerkannte (Heidelberger Jahrbücher 1815 Nr. 9. S. 87) und sofort an die Ausnutzung derselben sich gemacht. Dahin gehören die Meletemata e disciplina anti-

quitatis, Lips. 1817, die auf umfassende Herausgabe von Anecdota angelegt waren: opuscula mythologica philosopha historica grammatica ex codd. graecis maxime palatinis, in fünf Abtheilungen, unter andern auch Lectiones Platonicae ex codice Palatino Nr. 129. In der Pars altera, Lips. 1817: commentationes et commentarii in scriptores graecos befinden sich ausser einer Abhandlung von Welcker, von Creuzers Schülern Moser und Zell, Variae lectiones zu Plutarch und Aristotelis Ethica ad Nicomachum. Auch in den commentationes Herodoteae. 1818 finden sich Summaria scholia variaeque lectiones codicis Palatini; ebenso gab Creuzer 1827 Friedr. Sylburgi epistolae quinque ad Paulum Melissum. Francof., 1828 Mich. Pselli Epistolae hucusque ineditae ex cod. Palatino heraus. So wurden für Pausanias, für Philostratos codices Palatini verglichen und von Dr. Paulssen, auf Jacobs, des nahen Freundes von Creuzer, Wunsch, der codex der Anthologia Palatina. Ueber den Heidelberger Codex des Persius s. deutsche Schrift. III. 2. S. 562. Dass einem Manne wie Fr. Creuzer, der den Platonischen und speciell Neuplatonischen Studien durch Abhandlungen und Herausgabe bedeutsamer Inedita, z. B. des Proklos und Olympiodor Commentare zum Alkibiades des Plato die wesentlichste Förderung gewährt hat, der den kritischen Apparat zu Plotin, der als vorzüglich (egregius) anerkannt wird, von allen Seiten erst unermüdlich in drei Jahrzehnten beschafft hat, ein damals junger Autor, Herr Adolph Kirchhoff wie einem Tertianer das Zeugniss von gänzlicher et Graecae linguae et artis criticae imperitia ertheilt (Praef. ad Plotini opera. Ed. Teubner. 1856 p. IV), gehört zu den wundersamen Zeugnissen des Einflusses klassischer Studien auf literarischen Anstand und einfache Gerechtigkeit gegen einen grossen Vorgänger. Ueber die zahlreichen Schüler Creuzers, die durch ihn angeregt, handschriftliche Studien machten, s. die Praeparatio zur Ausgabe des Plotin de pulchro an verschiedenen Stellen, bes. p. LXXXIII, CXXIX, CXXXIV, CXXXV, bes. CXXXIX, wo ein reiches Verzeichniss Heidelberger wissenschaftlich thätiger Seminaristen gegeben wird, sowie Aus dem Leben eines alten Prof. S. 67. Note. Den letzten Band seiner gesammelten Schriften mit den Beiträgen zur Geschichte der classischen Philologie, Frankfurt 1854, dedicirte er: »Den verehrten Genossen des philologischen Seminars in H. von ihrem Lehrer und Freunde Fr. Creuzer.« Zum Schlusse des fünften Lustrums des philologischen Seminars hatte 1832 Creuzer eine Schrift über »ein altathenisches Gefäss« veröffentlicht.

24) Aus dem Leben eines alten Professors S. 112. 131; Sulpiz Boisserée. 2 Bde., Stuttgart 1862. I. S. 179. 283; Brief an und von Creuzer S. 364 ff., von Creuzer S. 465, 534 ff. S. Boisserée spricht es in einem Briefe zu Creuzers Jubiläum (S. 829) aus: »wie gern möchte ich — mich mit Ihnen der Erinnerung jener glücklichen Zeiten erfreuen, die wir mit gleichgesinnten edeln Freunden erlebt haben und in denen ich Ihrer Lehre und Ihrem zeitweisen Umgange unschätzbare Güter schuldig geworden bin!« Antwort von Creuzer S. 829, ferner Brief S. 845. 868.

25) Aus dem Leben eines alten Professors S. 110 f. 113 mit dem Abdruck eines Gedichtes an Fr. Creuzer bei Uebersendung eines Blattes von Gingobiloba (Suleika Nameh im westöstlichen Divan) und einem Brief vom 1. Oktober 1817; Göthe aus einer Reise am Rhein, Main und Neckar 1814, 15, Heidelberg (Göthe's Werke, Cotta 1867. Bd. XX. S. 251 ff.): Sulpiz Boisserée I. S. 282 ff., II: Briefwechsel mit Göthe S. 27 ff. 199. 208. 219. 227. Göthe und Plotin s. Briefe an Zelter I. S. 190—192. Göthe's Braut von Korinth und Phlegon s. Creuzer Deutsche Schriften III. 2. S. 296—99.

26) Aus dem Leben eines alten Professors S. 140—158; Guigniaut Notice historique p. 32 ff. Note 43. 70. 87.

27) Aus dem Leben eines alten Professors S. 157 f.; Opuscula selecta p. 125 f. Die zwölf von Creuzer der Expedition von Morea gestellten Aufgaben mit bestimmten literarischen Unterlagen und besonderer Erwähnung von Münzfunden sind noch im hiesigen handschriftlichen Nachlasse. Eingehend werden die Aufgaben der Untersuchungen von Larissa, Tirynth und Mykenae besprochen. Creuzer hebt gegenüber der Behauptung von W. Gell in der Beschreibung des Löwenthores, die aufrecht stehende Säule verjünge sich stark nach unten, hervor, dass auf der ihm durch Architekt Hübsch verdankten Zeichnung, die dieser von Fauvel erhielt, keine Spur davon sich zeige, dass ferner das Ganze grossartiger als dort sich darstelle und auch sonst Abweichungen aufweise. Göttling (Ges. Abhandlungen II. Vorr. S. V) behauptet von Neuem eine leise Verjüngung nach unten. »Um so mehr ist zu wünschen, dass alle jene bereits entdeckten oder noch zu entdeckenden Monumente der griechischen Heroen- und Königsperiode mit der grössesten Treue abgebildet und beschrieben werden.« Ein Wunsch, der erst jetzt mehr und mehr in Erfüllung gehen wird.

28) Die archäologischen Schriften beginnen bereits 1803 mit dem Exemplum mythorum ab artium operibus profectorum, P. I, daran schliesst sich 1807 die Commentatio de sociis rerum Bacchicarum: inest explicatio vasis sacri Baccho, dann das Specimen observationum ex priscis scriptoribus ad novissimam operum J. Winckelmanni editionem 1809; dann seit 1817 erst beginnen Anzeigen über archäologische Werke; 1822 wird ein in hiesiger Gegend gefundener römischer Grabstein behandelt, seit 1832 folgen die grösseren archäologischen Arbeiten, besonders die zur altrömischen Cultur am Oberrhein 1833, zur Gemmenkunde 1834, über das Mithreum 1838, über Münzreste 1838, zur Gallerie der alten Dramatiker 1839 sich rasch auf einander. Zur Stiftung der kleinen Münzsammlung Seitens der Seminaristen, deren Urkunde 1835 überreicht ward, s. Aus dem Leben etc. S. 165 f., dazu drei Abtheilungen des lateinischen Kataloges von Creuzers Schüler, Direktor Brummer 1835 1840. Seine eigene Sammlung, über welche ein Katalog zuerst bei Leske in Darmstadt 1843 erschien, dann ein Verzeichniss der antiken Münzen, Bronzen etc. mit Anmerkungen, Heidel-

berg 1852, wurde 1856 in Karlsruhe angekauft und befindet sich in der dortigen Kunsthalle.

29) Briefe über Homer und Hesiodus vorzüglich über die Theogonie von Gottfr. Hermann und Fr. Creuzer. Heidelberg, Oswald 1818; G. Hermann de mythologia Graecorum antiquissima dissertatio. Lips. 1817. Sehr charakteristisch ist die Stellung Göthe's als Dichter oder wie er sich nennt »Nachdichter der Altvordern« zur Sache und zum Streite s. dessen Brief an Creuzer in: Aus dem Leben etc. S. 113 und in Sulpiz Boisserée II. S. 208. W. v. Humboldt spricht sich in seinen Briefen an F. G. Welcker (Berlin 1859), deren unschätzbarer Werth so wenig in weitern Kreisen gekannt ist, über die Briefe von Creuzer und Hermann und überhaupt über Creuzer in der treffendsten Weise aus. So S. 43: »Die kleine Schrift Creuzer's und Hermann's hat mir sehr viel Freude gemacht. Es wird darin recht offenbar, wie der Geistvolle und die Philosopheme, die in Mythologie übergegangen sind, zu fassen Fähige bloss der Erstere ist, aber auch dass es diesem noch sehr daran fehlt, um in sich selbst in die Klarheit getreten zu sein, die auch dieser Gegenstand noch verstattet.« Von K. Ritter sagt er: »er unterstüzt die Creuzer'schen Untersuchungen geographisch und macht vielleicht dadurch, dass sie im eigentlichsten Verstande einen festen Boden gewinnen.« S. 61: »dennoch lese ich ihn (Cr.) gern. Ueberall ist grosse Gelehrsamkeit und Belesenheit und überall eine grossartige geistvolle Ansicht, wenn auch nicht immer eine klare und bestimmte.« Vgl. bes. den Brief S. 67—82; ferner S. 101, wo Creuzers »wahrhafte Genialität, die Art des Geistes, in dem sich Phantasie und Gefühl mit dem Verstande verbunden« anerkannt wird. Wir tragen hier zu Note 18 nach, dass in Schellings Nachlass eine Reihe interessanter Briefe von Creuzer sich vorgefunden, dass in dem Werke: Aus Schellings Leben II. 1863, S. 445 f.; III. 1870, S. 12 aus den Jahren 1820—23 Briefe Schellings an Creuzer abgedruckt sind, wozu ein Brieffragment aus 1844 noch in Creuzers Selbstbiographie S. 112 sich findet.

30) Vorrede zur ersten Ausgabe der Symbolik und Mythologie der alten Völker bes. der Griechen. I. S. XIII.

31) Ebendas. S. XV. Ganz vortrefflich in Gedanke und Form ist die nicht wieder abgedruckte Abhandlung über Philologie und Mythologie in ihrem Stufengang und gegenseitigen Verhalten, zur Eröffnung der Heidelberger Jahrbücher. 1808 I. 1. S. 1—24.

32) F. Chr. Baur, Symbolik und Mythologie oder die Naturreligion des Alterthums I. Stuttgart 1824. Vorrede S. IV ff.; mit Recht wird als Mangel hervorgehoben, dass »in dem ganzen grossen Werke nicht eine festbestimmte und dialektisch entwickelte Definition der beiden Hauptbegriffe Symbol und Mythus zu finden ist, so lebendig auch und ergreifend der ächt philosophische Geist ist, der überall aus demselben entgegen weht«. Als Beweis, auf wie verschieden geartete Naturen und Lebensanschauungen

Creuzer auch noch in spätern Jahren gewirkt, davon zeugt ein verehrungsvoller, ja begeisterter Brief von F. Lassalle vom 16. November 1857 mit Uebersendung seines Herakleitos des Dunkeln.

33) Eine der ersten Arbeiten von Dr. th. C. Ullmann erschien als Anhang zu Creuzers Symbolik. 2. Aufl. IV. S. 577—614: »vergleichende Zusammenstellung des christlichen Festcyclus mit vorchristlichen Festen.« Briefe von Creuzer an Ullmann sind vorhanden aus den Jahren 1831, 1833, 1855. Ueber Neander's Verhältniss zu Creuzer s. dessen Paralipomena S. 26 ff.; über Bunsen's Freundschaft ebendas. Vorwort S. I—IX. Sehr bedeutsam ist Creuzer's Einfluss auf Rothe gewesen, wie dies aus dessen Briefen von der Universität unmittelbar uns entgegentritt; er nennt ihn »einen wahrhaft einzigen Mann« (R. Rothe. ein christliches Lebensbild von Nippold I. S. 44) und schildert sehr individuell sein Erscheinen und Wirken auf dem Katheder; er hörte bei ihm Archäologie (I. S. 40), römische Alterthümer (S. 61), Symbolik und Mythologie (S. 75). Geschichte der Philologie (S. 104), Seminarübungen (S. 128). Leidenschaftlich äussert sich Rothe über Vossens Angriff auf Creuzer 1821, nennt jenen »eine unfriedliche Eulennatur« (S. 241). Aus dem Jahre 1849 s. Brief an Bunsen (II. S. 294). An Umbreit äussert er sich Ende 1853 (II. S. 384) gelegentlich der Rückberufung nach Heidelberg: »an des I. Creuzers Weissagung habe ich wer weiss wie oft gedacht. Sage ihm jetzt, ich halte ihn steif und fest für einen Propheten, was er mir ohnehin schon vor 35 Jahren gewesen sei.« Zu Umbreits Verhältniss s. den oben Note 1 angeführten Aufsatz.

33a) J. H. Voss, Antisymbolik. Stuttgart 1824. 2 Thl. 1826 bes. S. 223 ff.; Dr. Wolfg. Menzel, Voss und die Symbolik, Stuttgart 1825; zu Creuzers religiösen Anschauungen und speciell seiner protestantischen s. Aus dem Leben eines alten Professors S. 198 f., Paralipomena S. 19—47; Umbreit a. o. a. O. S. 610 ff.

34) Aus dem Leben eines alten Professors S. 202 f.; Brief an Boisserée II. S. 845; über die Julirevolution interessanter Brief an Frau Prof. Kayser vom 20. Septbr. 1830 mit der Aeusserung: »heutiges Tages, wo Ereignisse sich häufen, die uns zum Geständnisse nöthigen: hier ist mein Latein aus, soll ein junger Mann Menschenkenntniss und Welterfahrung nicht mehr für etwas Ueberflüssiges halten.« Zu der den humanistischen Studien ungünstigen Strömung in der Regierung und den Ständen s. Aus dem Leben eines alten Professors S. 192 f.

35) Auf dem herausgerissenen Kalenderblatt, welches diese Verse enthalten zu dem 26.—28. Juli 1854, befinden sich noch die Bemerkungen: »Das bekannte Lied von Weisse: »Komm süsser Schlaf erquicke mich« hat zunächst keine Beziehung auf Kranke«. Ferner: »Niebuhr in den Vorträgen über die römische Geschichte bemerkt einmal, dass der Schlaf zur Erhaltung der Geisteskräfte das wesentlichste Mittel sei. Es wundert mich, dass er nicht an das griechische εὐφρόνη in der Bedeutung von

Schlaf erinnert hat. Vgl. Blomfield ad Aeschyl. Prometh. 676 und Interprr. ad Herod. IV. 12. init.« Ueber die letzte Aufzeichnung s. Umbreit a. o. O. Theol. Stud. u. Kritik. 1858 S. 613.

Nachtrag zu Note 7) und 21). Das vergeblich auch auf der Göttinger Bibliothek gesuchte zweite Heft Wyttenbachii epistolarum selectarum ed. Mahne habe ich soeben durch Halm's Freundlichkeit von München erhalten, wohin ein Exemplar mit der Bibliothek von Quatremère gekommen ist, und beeile mich die dort abgedruckten Briefe Wyttenbachs in die Reihenfolge der oben gegebenen Briefe einzufügen. Der S. 46 erwähnte Brief an Creuzer vom 16. September 1808 ist p. 52—56 abgedruckt. Daran schliessen sich noch folgende auf Creuzers Berufung bezügliche Schreiben vom 24. December 1808 p. 56 f., vom 7. Februar p. 57—59, vom 15. Februar, welches freudig beginnt: in noster factus es p. 59 f. und das Billet vom 20. Juli vom Lande aus geschrieben p. 60 f. In einem Brief an Heyne vom 21. Juni 1810 p. 62 wird Creuzers raschen Wegganges und zwar als eines Glückes für ihn gedacht. Aus dem J. 1810 vom 25. Juni erwähnt Wyttenbach des übersandten Rheinweines, aber auch der ihm dadurch verursachten körperlichen Unbequemlichkeit, er kehre zum Rothwein zurück. Ein Brief an A. Böckh ging gleichzeitig nach Heidelberg ab durch Mosers Hand p. 66. Ein zweiter Brief an Creuzer ist vom 18. Oktober desselben Jahres p. 70 f. Dem Jahr 1811 gehört die Antwort Wyttenbachs auf Creuzers Brief im März vom 23. August in gleich launigem und heitern Ton als ihm geschrieben war: nun nennt er den übersandten trefflichen Rheinwein: $\chi\varrho\tilde{\eta}\mu\alpha$ non solum $\mathring{\eta}\pi\iota o\nu$ $\varkappa\alpha\grave{\iota}$ $\pi \acute{o}\tau\iota \mu o\nu$ sed et $\mathring{\alpha}\gamma\alpha\vartheta o\pi o\iota \grave{o}\nu$ $\varkappa\alpha\grave{\iota}$ $\sigma\omega\tau\acute{\eta}\varrho\iota o\nu$, ein $\sigma\omega\tau\acute{\eta}\varrho\iota o\nu$ $\nu\tilde{\alpha}\mu\alpha$. Der oben S. 551 f. abgedruckte Brief vom 15. Jan. 1813 findet sich dort bereits p. 78 sq aber verstümmelt, der p. 81 aus demselben Jahre aber ohne näheres Datum abgedruckte ist oben S. 53 mit dem 30. Sept. nach dem Originalbrief bezeichnet. Die Antwort auf die Uebersendung des an Wyttenbach mit längerer epistola dedicirten Plotin de pulchro vom 13. Okt. 1814 findet sich p. 86—90, ein Brief wärmsten Dankes und rdigster Bewunderung. Wir heben gegenüber dem oben Note 23 erwähnten Urtheil über Creuzers Plotinausgabe nur die Worte heraus: »plane miror efficaciam ingenii studiique tui qui quinquenii spatio tantam doctrinae copiam collegeris nam tum quum apud nos eras, quamquam summa omnia in te agnoscebam et praecipiebam, nondum sic habitare videbaris in Platonico argumento, ut nunc ejus intimam cognitionem in hoc libro ostendis; adeo et in rebus et verbis omnem Platonici fontis amplitudinem omnemque rivulorum varietatem tenes. Jam existat mihi aliquis eorum qui nunc sunt in Germania eruditorum, qui te vel graecarum scientia literarum a se superari vel latinae orationis aequari se putet.« Nach der Wyttenbach'schen Reise nach Heidelberg im Jahr 1816 ist der p. 90 ff. abgedruckte Brief (s. d.) geschrieben.